Airbnb-Hypothekendarlehen für Anfänger

Wie Sie Ihre Erste Airbnb-Immobilie mit der Richtigen Finanzierungsstrategie Kaufen

Von Joseph G. Correa

Lizenzierter Hypothekenmakler, Finibi Mortgage

Urheberrechts- und Rechtlicher Hinweis

Veröffentlicht von Live Stronger Faster

Die in diesem Buch bereitgestellten Informationen dienen ausschließlich Bildungs- und Informationszwecken und sollten nicht als Finanz-, Rechts- oder Steuerberatung ausgelegt werden. Leser werden dazu ermutigt, sich vor finanziellen oder immobilienbezogenen Entscheidungen mit lizenzierten Fachleuten zu beraten. Der Autor und der Verlag übernehmen keine Verantwortung für Verluste oder Schäden, die direkt oder indirekt

Erste Auflage, 2026

Inhaltsverzeichnis

Vorwort

Die Idee, Ihre erste Kurzzeitvermietungsimmobilie zu besitzen, ist gleichzeitig aufregend und einschüchternd. Einerseits sehen Sie das Potenzial – Immobilien, die tägliche Einnahmen generieren, Reisende, die das ganze Jahr über buchen, und die Möglichkeit, eine flexible und skalierbare Einkommensquelle aufzubauen, die nicht von einem traditionellen Job abhängt. Andererseits kann der Einstieg überwältigend wirken. Sofort entstehen Fragen. Wo beginnt man? Wie qualifiziert man sich für ein Darlehen? Wie viel Geld benötigt man tatsächlich? Was ist, wenn man noch nie zuvor eine Investitionsimmobilie besessen hat? Und vielleicht die wichtigste Frage überhaupt – welche Finanzierungsstrategie ist die richtige, um den ersten Airbnb-Deal nicht nur möglich, sondern auch profitabel zu machen?

Dieses Buch wurde geschrieben, um diese Fragen auf klare, strukturierte und praktische Weise zu beantworten. Im Gegensatz zu traditionellen Immobilien-Investitionsratgebern, die sich stark auf die Auswahl oder Renovierung von Immobilien konzentrieren, steht in diesem Buch einer der wichtigsten Bestandteile Ihres Erfolgs im Mittelpunkt: die

Finanzierung. Genauer gesagt geht es darum, wie Sie die richtige Hypothekenstrategie nutzen können, um als Anfänger in den Airbnb-Markt einzusteigen – selbst wenn Sie keine umfangreiche Erfahrung, kein großes Kapital und kein komplexes Immobilienportfolio besitzen. Die Wahrheit ist, dass die meisten Anfänger scheitern, bevor sie überhaupt anfangen – nicht weil ihnen Motivation fehlt, sondern weil sie die Finanzierung missverstehen. Sie gehen davon aus, dass sie perfektes Einkommen, enorme Ersparnisse oder jahrelange Erfahrung benötigen. Sie glauben, dass Kreditgeber sie nicht genehmigen werden. Sie denken, dass sie warten müssen, bis alles „perfekt" ist. In Wirklichkeit hat sich die moderne Hypothekenlandschaft – insbesondere im Bereich der Kurzzeitvermietungen – drastisch weiterentwickelt. Es gibt mittlerweile zahlreiche Darlehensprogramme, flexible Qualifizierungsmethoden und strategische Ansätze, die speziell für neue Investoren entwickelt wurden.

Dieses Buch wird Ihnen zeigen, wie Sie diese Möglichkeiten nutzen können.

Im Kern ist Ihre erste Airbnb-Immobilie nicht einfach nur ein Immobilienkauf. Sie ist ein strategischer finanzieller Schritt. Das Darlehen, das Sie wählen, bestimmt Ihre monatliche Zahlung, Ihren Cashflow, Ihr Risikoniveau und Ihre Fähigkeit, später weitere Immobilien zu erwerben. Eine schlechte Finanzierungsentscheidung kann einen vielversprechenden Deal in eine stressige Belastung verwandeln. Eine intelligente Darlehensstrategie hingegen kann eine einfache Immobilie in einen leistungsstarken einkommensgenerierenden Vermögenswert verwandeln.

Eine der größten Veränderungen, die Sie als Anfänger verstehen müssen, ist, dass die Finanzierung von Kurzzeitvermietungen grundlegend anders funktioniert als der traditionelle Immobilienkauf. Beim Kauf eines Hauptwohnsitzes konzentrieren sich Kreditgeber stark auf Ihr persönliches Einkommen, Ihre berufliche Stabilität und Ihre Schuldenquote. Im Airbnb-Bereich hingegen – insbesondere bei investorenorientierten Darlehensprodukten – wird häufig die Immobilie selbst zum Mittelpunkt des Genehmigungsprozesses.

Das bedeutet, dass Ihre Fähigkeit zur Qualifikation in vielen Fällen nicht allein von Ihrem Gehalt abhängt. Stattdessen wird sie vom Einkommenspotenzial der Immobilie beeinflusst, die Sie kaufen möchten. Dieses Konzept ist äußerst leistungsstark, weil es Anfängern die Tür öffnet, die vielleicht kein hohes W-2-Einkommen haben, aber bereit sind, in Immobilien mit starkem Cashflow zu investieren.

Diese Möglichkeit bringt jedoch Verantwortung mit sich. Als Anfänger müssen Sie lernen, Immobilien aus der Perspektive eines Kreditgebers zu bewerten. Sie müssen verstehen, wie Darlehensprogramme Risiken betrachten, wie Einkommen berechnet wird und wie entschieden wird, ob eine Immobilie die Anforderungen erfüllt. Dieses Buch wird Sie durch diesen Perspektivwechsel führen und Ihnen helfen, sowohl wie ein Investor als auch wie ein Underwriter zu denken.

Ein weiteres zentrales Konzept, das Sie in diesem Buch kennenlernen werden, ist die Bedeutung einer sinnvollen Einstiegsstrategie. Bei Ihrem ersten Deal geht es nicht darum, die größte Immobilie zu kaufen oder das höchstmögliche Einkommen zu erzielen. Es geht darum, ein solides Fundament aufzubauen. Das Ziel besteht darin, eine Immobilie zu sichern, die überschaubar, finanzierbar und in der Lage ist, stabile Renditen zu erwirtschaften. Das bedeutet oft, mit einem einfacheren Deal zu beginnen – einem, der zu Ihrer aktuellen finanziellen Situation und Ihrem Erfahrungsniveau passt. Zu viele Anfänger machen den Fehler, nach Perfektion zu streben. Sie suchen nach der „idealen" Airbnb-Immobilie, dem „perfekten" Standort oder den „höchsten" Renditen. Dabei verzögern sie ihr Handeln und verpassen echte Chancen. Die Wahrheit ist, dass Ihr erster Deal lediglich ein Sprungbrett ist. Er markiert den Beginn eines Prozesses, der sich im Laufe der Zeit weiterentwickeln wird, während Sie Erfahrung, Selbstvertrauen und Kapital aufbauen.

Dieses Buch wird Ihnen helfen, realistische Einstiegsmöglichkeiten in den Airbnb-Markt zu erkennen. Sie werden lernen, wie Sie Ihren ersten Kauf mit Klarheit und Selbstvertrauen angehen und verstehen, was wirklich wichtig ist und was warten kann.

Optionen mit niedriger Anzahlung sind ein weiterer wichtiger Schwerpunkt dieses Buches. Viele angehende Investoren glauben, dass sie mindestens 20 % Eigenkapital benötigen, um zu starten. Obwohl das ein möglicher Weg ist, ist es nicht der einzige. Es gibt Strategien, mit denen Sie mit deutlich weniger Kapital in den Markt einsteigen können – abhängig davon, wie Sie den Kauf strukturieren und wie Sie sich als Kreditnehmer positionieren.

Zum Beispiel erlauben bestimmte Darlehensprogramme geringere Anzahlungen, wenn die Immobilie als Zweitwohnsitz strukturiert wird oder bestimmte Nutzungsanforderungen erfüllt sind. Andere Programme bieten Flexibilität basierend auf Ihrem Kreditprofil, Ihren Rücklagen oder Ihrer allgemeinen finanziellen Stärke. Das Verständnis dieser Optionen kann die Eintrittsbarriere erheblich senken und

Ihnen ermöglichen, früher statt später aktiv zu werden. Eine geringere Anzahlung bedeutet jedoch nicht geringere Verantwortung. Es bedeutet lediglich, dass Sie Fremdkapital effizienter einsetzen. Sie müssen die Zahlen weiterhin analysieren, Ihre Ausgaben verstehen und sicherstellen, dass die Immobilie sich selbst tragen kann. Dieses Buch wird Ihnen zeigen, wie Sie Chancen und Risiken ausbalancieren, damit Sie Entscheidungen treffen, die sowohl mutig als auch intelligent sind.

Ebenso wichtig ist die Entwicklung der richtigen Underwriting-Denkweise für Ihren ersten Deal. Ob Sie es erkennen oder nicht — jeder Kreditgeber bewertet Ihr Darlehen anhand eines strukturierten Prozesses. Es werden bestimmte Fragen gestellt. Hat dieser Kreditnehmer die Fähigkeit zur Rückzahlung? Erwirtschaftet diese Immobilie ausreichende Einnahmen? Ist dieser Deal stabil oder birgt er übermäßige Risiken?

Wenn Sie lernen, wie ein Underwriter zu denken, verschaffen Sie sich einen erheblichen Vorteil. Sie beginnen, Ihre Deals so zu strukturieren, dass sie den Erwartungen der Kreditgeber entsprechen. Sie erkennen potenzielle Probleme, bevor sie entstehen. Sie präsentieren Ihren Antrag auf eine Weise, die Ihre Chancen auf eine Genehmigung erhöht.

Dieses Buch wird Ihnen helfen, diese Denkweise zu entwickeln. Sie werden lernen, Ihren Deal aus einer professionellen Perspektive zu betrachten und zu verstehen, wonach Kreditgeber suchen und wie Sie sich entsprechend positionieren können.

Während Sie dieses Buch durcharbeiten, werden Sie außerdem erkennen, dass Ihre erste Airbnb-Immobilie mehr ist als nur eine einzelne Investition. Sie bildet das Fundament einer größeren Strategie. Jede Entscheidung, die Sie treffen — vom gewählten Darlehen bis hin zur gekauften Immobilie — beeinflusst Ihre Fähigkeit, in Zukunft zu wachsen.

Ein gut strukturierter erster Deal kann die Tür zu weiteren Finanzierungen, höherer Kreditkapazität und einem wachsenden Portfolio öffnen. Ein schlecht strukturierter Deal hingegen kann Ihre Möglichkeiten einschränken und unnötige Hindernisse schaffen. Genau deshalb ist es so wichtig, Ihren ersten Kauf mit Absicht und Strategie anzugehen.

Sie kaufen nicht einfach nur eine Immobilie. Sie bauen ein System auf.

Ein weiterer wichtiger Aspekt ist die Rolle des Selbstvertrauens. Viele Anfänger zögern, weil sie glauben, noch nicht bereit zu sein. Sie denken, sie bräuchten mehr

Wissen, mehr Geld oder mehr Erfahrung. Vorbereitung ist wichtig, doch irgendwann wird Handeln notwendig.

Selbstvertrauen entsteht nicht dadurch, dass man alles weiß. Es entsteht dadurch, dass man genug versteht, um intelligent voranzukommen. Dieses Buch wurde entwickelt, um Ihnen genau dieses Verständnis zu vermitteln. Wenn Sie es beendet haben, werden Sie einen klaren Fahrplan dafür besitzen, wie Sie Ihren ersten Airbnb-Deal angehen, die richtige Finanzierungsstrategie auswählen und sich für langfristigen Erfolg positionieren können.

Sie werden außerdem lernen, dass Fehler Teil des Prozesses sind. Kein Investor beginnt perfekt. Das Ziel besteht nicht darin, jedes Risiko zu vermeiden, sondern Risiken effektiv zu steuern. Indem Sie sich auf starke Grundlagen konzentrieren — intelligente Finanzierung, realistische Erwartungen und disziplinierte Entscheidungen — können Sie Ihre Erfolgschancen erheblich erhöhen.

Denken Sie während dieser gesamten Reise daran, dass Ihr erster Deal nicht das Endziel ist. Er ist der Anfang. Er ist der Moment, in dem Theorie zur Realität wird, Ideen in Handlungen übergehen und Sie beginnen, Ihre finanzielle Zukunft aktiv zu gestalten.

Der Airbnb-Markt wächst weiterhin und bietet Chancen für diejenigen, die bereit sind zu lernen, sich anzupassen und aktiv zu werden. Mit der richtigen Finanzierungsstrategie kann selbst ein Anfänger in diesen Markt eintreten und beginnen, ein profitables Portfolio aufzubauen.

Dieses Buch wird Sie Schritt für Schritt durch diesen Prozess führen. Es wird komplexe Konzepte vereinfachen, einschüchternde Barrieren abbauen und Ihnen die Werkzeuge an die Hand geben, die Sie benötigen, um mit Selbstvertrauen voranzuschreiten.

Sie sind näher daran, Ihre erste Airbnb-Immobilie zu besitzen, als Sie denken. Der Schlüssel liegt nicht darin, auf den perfekten Moment zu warten, sondern darin zu verstehen, wie man den richtigen Moment selbst erschafft.

Kapitel 1

Ihre Erste Airbnb-Investition aus Finanzierungssicht Verstehen

Wenn die meisten Anfänger darüber nachdenken, ihre erste Airbnb-Immobilie zu kaufen, konzentrieren sie sich fast ausschließlich auf die Immobilie selbst. Sie betrachten Fotos, Standorte, Übernachtungspreise und potenzielle Einnahmen. Obwohl diese Faktoren wichtig sind, bestimmen sie nicht, ob Sie Ihren ersten Deal tatsächlich erfolgreich abschließen werden. Der wahre Ausgangspunkt ist nicht die Immobilie – sondern die Finanzierung. Zu verstehen, wie Kreditgeber Ihren Deal bewerten, wie Darlehensprogramme strukturiert sind und wie Ihr finanzielles Profil mit der Immobilie zusammenhängt, entscheidet letztendlich darüber, ob Sie vorankommen können.

Ihr erster Airbnb-Deal ist nicht einfach nur eine Immobilientransaktion. Er ist ein strukturierter finanzieller Genehmigungsprozess. Jeder Kreditgeber bewertet Ihr Szenario anhand von Risiko, Einkommensstabilität und der Fähigkeit der Immobilie, Einnahmen zu generieren. Wenn Sie diesen Prozess nicht verstehen, verschwenden Sie möglicherweise Zeit mit Immobilien, die gar nicht finanzierbar sind. Wenn Sie hingegen verstehen, wie Finanzierung funktioniert, können Sie Immobilien auswählen, die nicht nur attraktiv, sondern auch genehmigungsfähig sind. Einer der wichtigsten Unterschiede, die Sie als Anfänger verstehen müssen, ist der Unterschied zwischen der Finanzierung eines Hauptwohnsitzes und der Finanzierung einer Investitionsimmobilie. Beim Kauf eines Hauptwohnsitzes konzentrieren sich Kreditgeber stark auf Ihr persönliches Einkommen. Sie analysieren Ihre W-2-Formulare, Steuererklärungen und Ihre Schuldenquote, um festzustellen, ob Sie sich die monatliche Zahlung leisten können. Im Gegensatz dazu verlagern viele Airbnb-orientierte Darlehensprogramme, insbesondere DSCR-Darlehen, den Fokus auf die Immobilie selbst. Statt zu fragen: „Können Sie sich dieses Darlehen aufgrund Ihres Einkommens leisten?", fragt der Kreditgeber: „Kann diese Immobilie genügend Einkommen generieren, um das Darlehen zu tragen?"

Dieser Perspektivwechsel schafft Chancen für Anfänger. Er bedeutet, dass Sie möglicherweise selbst dann für ein Darlehen qualifiziert werden können, wenn Ihr persönliches Einkommen begrenzt oder unregelmäßig ist — vorausgesetzt, die Immobilie zeigt starkes Einkommenspotenzial. Das bedeutet jedoch nicht, dass die Genehmigung automatisch erfolgt. Kreditgeber prüfen weiterhin Ihre Bonität, Ihre

Rücklagen und Ihr gesamtes finanzielles Profil. Der Unterschied besteht darin, dass die Immobilie selbst zu einem zentralen Bestandteil der Gleichung wird.

Zu Beginn Ihrer Reise müssen Sie lernen, Deals auf die gleiche Weise zu bewerten wie Kreditgeber. Das bedeutet, wichtige Kennzahlen wie den Beleihungsauslauf, den Debt Service Coverage Ratio und die monatlichen Gesamtkosten zu verstehen. Der Beleihungsauslauf, auch LTV genannt, beschreibt, wie viel Prozent des Immobilienwerts finanziert werden. Wenn Sie beispielsweise eine Immobilie für 300.000 US-Dollar kaufen und 60.000 US-Dollar anzahlen, beträgt Ihr Darlehen 240.000 US-Dollar, was einem LTV von 80 % entspricht. Die meisten Darlehen für Investitionsimmobilien liegen — abhängig vom Programm und Ihren Qualifikationen — zwischen 70 % und 80 % LTV.

Der Debt Service Coverage Ratio, kurz DSCR, ist ein weiteres entscheidendes Konzept. Diese Kennzahl vergleicht die Einnahmen der Immobilie mit ihren Schuldenverpflichtungen. Wenn eine Immobilie monatlich 3.000 US-Dollar an Mieteinnahmen generiert und die gesamte monatliche Hypothekenzahlung 2.400 US-Dollar beträgt, ergibt sich ein DSCR von 1,25. Ein DSCR über 1,0 bedeutet, dass die Immobilie genügend Einkommen generiert, um das Darlehen zu decken, während ein Wert unter 1,0 auf ein Defizit hinweist. Viele Kreditgeber verlangen einen Mindest-DSCR von etwa 1,0 bis 1,25 für eine Genehmigung.

Das Verständnis dieser Zahlen ermöglicht es Ihnen, Deals effizient zu filtern. Anstatt Immobilien aufgrund von Emotionen oder Spekulationen zu analysieren, können Sie schnell feststellen, ob ein Deal finanziell tragfähig ist. Das spart Zeit und erhöht Ihre Erfolgschancen.

Ein weiterer wichtiger Bestandteil Ihres ersten Deals ist Ihre Strategie für die Anzahlung. Als Anfänger verfügen Sie möglicherweise nicht über unbegrenztes Kapital, daher ist es wichtig, Ihre Mittel strategisch einzusetzen. Während traditionelle Investitionsdarlehen häufig 20 % Anzahlung verlangen, gibt es alternative Ansätze, die Ihnen einen Einstieg mit weniger Kapital ermöglichen können. Beispielsweise kann der Kauf einer Immobilie als Zweitwohnsitz eine geringere Anzahlung erfordern, sofern bestimmte Nutzungsanforderungen erfüllt werden. In manchen Fällen können Sie Ersparnisse auch mit Schenkungen oder anderen zulässigen Finanzierungsquellen kombinieren. Es ist jedoch wichtig zu verstehen, dass Ihre Anzahlung nur ein Teil Ihrer finanziellen Verpflichtung ist. Sie müssen auch Abschlusskosten, Rücklagen und anfängliche

Einrichtungskosten berücksichtigen. Rücklagen sind besonders wichtig, weil sie dem Kreditgeber zeigen, dass Sie in der Lage sind, die Immobilie auch in Zeiten von Leerstand oder niedrigeren Einnahmen zu halten. Viele Kreditgeber verlangen mehrere Monate an Rücklagen – typischerweise zwischen drei und zwölf Monaten der gesamten monatlichen Immobilienzahlung.

Neben der finanziellen Vorbereitung müssen Sie auch verstehen, wie die Auswahl der Immobilie die Finanzierung beeinflusst. Nicht jede Immobilie eignet sich für Airbnb-Nutzung, und nicht jede Immobilie generiert das gleiche Einkommensniveau. Faktoren wie Zoneneinteilung, Lage, Immobilientyp und lokale Vorschriften spielen sowohl für Ihre Betriebsmöglichkeiten als auch für Ihre Finanzierungsfähigkeit eine entscheidende Rolle.

Eine Immobilie in einer Region mit hoher Tourismusnachfrage und freundlichen Kurzzeitvermietungsregelungen wird beispielsweise eher stabile Einnahmen generieren. Dies stärkt wiederum Ihren DSCR und verbessert Ihre Chancen auf eine Darlehensgenehmigung. Eine Immobilie in einer eingeschränkten Region mit geringer Mietnachfrage hingegen könnte Schwierigkeiten haben, die Anforderungen der

Kreditgeber zu erfüllen – selbst wenn sie oberflächlich betrachtet attraktiv erscheint.

Als Anfänger besteht Ihr Ziel nicht darin, die aufregendste Immobilie zu finden. Ihr Ziel besteht darin, eine Immobilie zu finden, die sowohl zu Ihrer finanziellen Kapazität als auch zu den Erwartungen der Kreditgeber passt. Das bedeutet oft, Stabilität über Spekulation zu priorisieren. Eine Immobilie mit konstanten, vorhersehbaren Einnahmen ist wesentlich wertvoller als eine mit unsicheren, aber potenziell höheren Renditen.

Ein weiterer wichtiger Aspekt Ihres ersten Airbnb-Deals ist Ihr Bonitätsprofil. Obwohl einige Darlehensprogramme flexibler sind als traditionelle Hypotheken, spielt Ihre Kreditwürdigkeit weiterhin eine bedeutende Rolle bei der Bestimmung Ihres Zinssatzes, Ihrer Darlehensbedingungen und Ihrer allgemeinen Genehmigungschancen. Eine höhere Kreditwürdigkeit führt in der Regel zu besseren Konditionen und günstigeren Bedingungen, während eine niedrigere Bewertung zusätzliche ausgleichende Faktoren wie höhere Anzahlungen oder größere Rücklagen erfordern kann.

Die Verbesserung Ihrer Kreditwürdigkeit vor der Beantragung eines Darlehens kann einen erheblichen Einfluss auf Ihre langfristige Rentabilität haben. Schon ein kleiner Unterschied beim Zinssatz kann sich über die Laufzeit des Darlehens in Tausende von Dollar summieren. Deshalb ist es wichtig, Ihre Bonität zu überprüfen, eventuelle Probleme zu beheben und sich als starker Kreditnehmer zu positionieren, bevor Sie weitermachen.

Neben der Bonität bewerten Kreditgeber auch Ihr Erfahrungsniveau. Obwohl viele Programme speziell für Anfänger entwickelt wurden, kann ein gewisses Maß an Immobilien- oder Finanzerfahrung Ihre Bewerbung stärken. Das bedeutet nicht zwangsläufig, dass Sie mehrere Immobilien besitzen müssen. Es kann auch Erfahrungen wie die Verwaltung langfristiger Mietobjekte, die Führung eines Unternehmens oder ein starker finanzieller Hintergrund umfassen.

Wenn Sie ein absoluter Anfänger sind, lassen Sie sich nicht entmutigen. Viele Investoren schließen ihren ersten Airbnb-Deal erfolgreich ohne vorherige Erfahrung ab. Der Schlüssel besteht darin, dies in anderen Bereichen auszugleichen — etwa durch starke Rücklagen, einen konservativen Deal und die Zusammenarbeit mit erfahrenen Fachleuten, die Sie durch den Prozess führen können.

Während Sie voranschreiten, ist es außerdem wichtig, die Rolle Ihres Hypothekenexperten zu verstehen. Ein kompetenter Kreditsachbearbeiter oder Makler kann Ihnen helfen, das richtige Darlehensprogramm auszuwählen, Ihren Deal zu strukturieren und potenzielle Herausforderungen zu meistern. Darüber hinaus kann er Ihnen Einblicke in die Anforderungen der Kreditgeber geben und Ihnen helfen, häufige Fehler zu vermeiden.

Ihr erster Airbnb-Deal ist eine gemeinschaftliche Anstrengung. Er betrifft nicht nur Sie, sondern auch Ihren Kreditgeber, Ihren Immobilienmakler, Ihren Gutachter und möglicherweise weitere Fachleute. Das richtige Team aufzubauen, kann einen erheblichen Unterschied für Ihre Erfahrung und Ihr Ergebnis machen.

Letztendlich hängt Ihr Erfolg als Anfänger von Vorbereitung und Perspektive ab. Wenn Sie Ihren ersten Deal mit einem klaren Verständnis für Finanzierung, realistischen Erwartungen und Lernbereitschaft angehen, können Sie sich erfolgreich positionieren. Dieses Kapitel bildet Ihr Fundament. Es ist der Ausgangspunkt für alles, was folgt.

Analyse Ihres Ersten Airbnb-Deals Schritt für Schritt

Stellen Sie sich vor, Sie kaufen Ihre erste Airbnb-Immobilie in einem wachsenden Ferienmarkt. Der Kaufpreis der Immobilie beträgt 320.000 US-Dollar. Sie entscheiden sich für ein

DSCR-Darlehen mit einer Anzahlung von 20 %. Das bedeutet, dass Sie 64.000 US-Dollar als Anzahlung leisten und der Darlehensbetrag 256.000 US-Dollar beträgt.

Der Zinssatz Ihres Darlehens beträgt 7,5 % bei einer Laufzeit von 30 Jahren. Basierend auf diesen Bedingungen liegt Ihre monatliche Zahlung für Tilgung und Zinsen bei ungefähr 1.790 US-Dollar. Zusätzlich müssen Sie Grundsteuern, Versicherungen und weitere Kosten berücksichtigen. Nehmen wir an, die Grundsteuer beträgt 300 US-Dollar pro Monat und die Versicherung 150 US-Dollar pro Monat. Dadurch erhöhen sich Ihre gesamten monatlichen Wohnkosten auf 2.240 US-Dollar.

Anschließend analysieren Sie das Einkommenspotenzial der Immobilie. Basierend auf vergleichbaren Airbnb-Angeboten in der Region schätzen Sie einen durchschnittlichen Tagespreis von 180 US-Dollar und eine durchschnittliche Auslastung von 70 %. Das bedeutet, dass die Immobilie ungefähr 21 Tage pro Monat gebucht ist. Multipliziert man 180 US-Dollar mit 21 Tagen, ergibt sich ein monatliches Bruttoeinkommen von 3.780 US-Dollar.

Bruttoeinnahmen sind jedoch nicht dasselbe wie Nettoeinnahmen. Sie müssen Betriebskosten wie Reinigung, Nebenkosten, Wartung und Plattformgebühren berücksichtigen. Angenommen, diese Kosten betragen insgesamt 1.200 US-Dollar pro Monat. Damit verbleibt ein Nettobetriebseinkommen von 2.580 US-Dollar.

Um den DSCR zu berechnen, teilen Sie das Nettobetriebseinkommen durch die gesamten monatlichen Wohnkosten. In diesem Fall ergibt 2.580 US-Dollar geteilt durch 2.240 US-Dollar einen DSCR von ungefähr 1,15. Das bedeutet, dass die Immobilie 15 % mehr Einkommen generiert, als zur Deckung der Schulden erforderlich ist.

Aus Sicht des Kreditgebers ist dies im Allgemeinen ein akzeptabler Wert, obwohl manche Kreditgeber für zusätzliche Sicherheit einen höheren DSCR bevorzugen. Aus Ihrer Sicht als Investor bedeutet dies, dass die Immobilie nach Abzug aller Kosten einen monatlichen Cashflow von ungefähr 340 US-Dollar generiert.

Betrachten Sie nun, wie kleine Veränderungen den Deal beeinflussen können. Wenn die Auslastung auf 60 % statt 70 % sinkt, reduziert sich Ihr monatliches Einkommen auf 3.240 US-Dollar. Nach Abzug der Kosten verbleibt ein Nettobetriebseinkommen von 2.040 US-Dollar. Teilt man diesen Betrag durch die monatlichen Wohnkosten von 2.240 US-Dollar, ergibt sich ein DSCR von 0,91 — also unterhalb der erforderlichen Grenze. Dies würde wahrscheinlich zu einer

Ablehnung des Darlehens führen oder Anpassungen wie eine höhere Anzahlung erforderlich machen.

Wenn Sie alternativ Ihre Anzahlung auf 25 % erhöhen, reduziert sich Ihr Darlehensbetrag und damit Ihre monatliche Zahlung. Dadurch verbessert sich Ihr DSCR und Ihre Bewerbung wird stärker. Dieses Beispiel zeigt, wie eng Finanzierungsentscheidungen und Immobilienleistung miteinander verbunden sind.

Mit zunehmender Erfahrung werden Sie effizienter darin, Deals zu analysieren. Sie werden schnell Immobilien erkennen, die die Anforderungen der Kreditgeber erfüllen und gleichzeitig starke Renditen erzielen. Genau diese Fähigkeit unterscheidet erfolgreiche Investoren von jenen, die Schwierigkeiten haben, überhaupt anzufangen.

Ihr erster Deal muss nicht perfekt sein. Es geht darum, die Zahlen zu verstehen, fundierte Entscheidungen zu treffen und aktiv zu werden. Sobald Sie Ihren ersten Airbnb-Kauf abgeschlossen haben, besitzen Sie ein Fundament, auf dem Sie zukünftige Investitionen aufbauen können.

Kapitel 2

Die Richtige Finanzierungsstrategie für Ihre Erste Airbnb-Immobilie Wählen

Sobald Sie verstehen, wie Kreditgeber Ihren ersten Airbnb-Deal bewerten, besteht der nächste entscheidende Schritt darin, die richtige Finanzierungsstrategie auszuwählen. Diese Entscheidung wird alles beeinflussen, was folgt — Ihre monatliche Zahlung, Ihren Cashflow, Ihren Qualifizierungsweg und Ihre Fähigkeit, später weitere Immobilien zu erwerben. Viele Anfänger gehen davon aus, dass es nur eine Möglichkeit gibt, eine Immobilie zu finanzieren. In Wirklichkeit stehen jedoch mehrere Wege zur Verfügung, von denen jeder seine eigenen Vorteile, Anforderungen und langfristigen Auswirkungen hat.

Ihr Ziel sollte nicht einfach darin bestehen, eine Genehmigung zu erhalten. Ihr Ziel sollte darin bestehen, eine Darlehensstruktur auszuwählen, die zu Ihrer aktuellen finanziellen Situation passt und gleichzeitig zukünftiges Wachstum ermöglicht. Das falsche Darlehen kann Ihre Flexibilität einschränken, Ihre Rentabilität reduzieren und den Erwerb weiterer Immobilien erschweren. Das richtige

Darlehen hingegen kann als strategisches Instrument dienen, das Ihren Fortschritt beschleunigt.

Als Anfänger im Airbnb-Markt werden Sie in der Regel auf drei primäre Finanzierungsoptionen stoßen. Die erste ist die traditionelle konventionelle Finanzierung. Die zweite sind DSCR-Darlehen (Debt Service Coverage Ratio). Die dritte Kategorie umfasst alternative beziehungsweise Non-QM-Finanzierungen, darunter Bankauszugsdarlehen, vermögensbasierte Darlehen und andere Programme mit flexibleren Dokumentationsanforderungen. Jede dieser Optionen erfüllt einen anderen Zweck, und zu verstehen, wann welche eingesetzt werden sollte, ist entscheidend.

Die traditionelle konventionelle Finanzierung ist häufig die bekannteste Option. Diese Darlehen sind für Kreditnehmer mit stabilem Einkommen, guter Bonität und dokumentierter Finanzhistorie konzipiert. Kreditgeber prüfen Ihre Steuererklärungen, W-2-Formulare, Gehaltsabrechnungen und Ihre gesamte Schuldenquote. Wenn Sie die Anforderungen erfüllen, können Sie von niedrigeren Zinssätzen und günstigeren Konditionen profitieren als bei vielen anderen Darlehensarten.

Für Anfänger mit einem starken Beschäftigungseinkommen kann die konventionelle Finanzierung ein hervorragender

Einstieg sein. Sie ermöglicht häufig niedrigere Anzahlungen, manchmal sogar ab 10 % bei bestimmten Investitionsszenarien, obwohl 15 % bis 20 % häufiger sind. Es gibt jedoch Einschränkungen. Konventionelle Darlehen begrenzen in der Regel die Anzahl der finanzierten Immobilien, die Sie besitzen dürfen, und sie basieren stark auf Ihrem persönlichen Einkommen anstatt auf dem Einkommenspotenzial der Immobilie. Dies kann zu einem Engpass werden, wenn Sie versuchen, Ihr Portfolio auszubauen.

Im Gegensatz dazu wurden DSCR-Darlehen speziell für Investitionsimmobilien entwickelt, einschließlich Airbnb- und Kurzzeitvermietungsobjekten. Diese Darlehen konzentrieren sich auf die Einnahmen der Immobilie und nicht auf Ihr persönliches Einkommen. Anstatt Ihre Schuldenquote zu berechnen, bewertet der Kreditgeber, ob die Immobilie genügend Einnahmen generiert, um die Darlehenszahlungen zu decken.

Für Anfänger, die möglicherweise kein hohes W-2-Einkommen haben oder ihr Portfolio schnell ausbauen möchten, bieten DSCR-Darlehen einen erheblichen Vorteil. Sie ermöglichen eine Qualifikation auf Grundlage der Leistung der Immobilie selbst. Dadurch eröffnen sich Möglichkeiten, die sonst möglicherweise unerreichbar wären. Allerdings erfordern DSCR-Darlehen häufig höhere Anzahlungen von etwa 20 % bis 25 % und können etwas höhere Zinssätze aufweisen.

Ein weiterer wichtiger Aspekt bei DSCR-Darlehen ist die Art und Weise, wie Einnahmen berechnet werden. Einige Kreditgeber verwenden Prognosen für langfristige Vermietungen, während andere Kurzzeitvermietungsdaten von Plattformen wie Airbnb berücksichtigen. Zu verstehen, wie Ihr Kreditgeber die Einnahmen bewertet, ist entscheidend, da dies direkten Einfluss auf Ihre Qualifikationsfähigkeit hat.

Die dritte Finanzierungskategorie umfasst Non-QM-Darlehen und alternative Dokumentationsprogramme. Diese wurden für Kreditnehmer entwickelt, die nicht in die traditionellen Kreditvergabekriterien passen. Wenn Sie beispielsweise selbstständig sind und Ihre Steuererklärungen Ihr tatsächliches Einkommen nicht vollständig widerspiegeln, kann ein Bankauszugsdarlehen es Ihnen ermöglichen, sich anhand Ihrer Kontoeingänge statt Ihres ausgewiesenen Einkommens zu qualifizieren. Ebenso erlauben vermögensbasierte Darlehen eine Qualifikation auf Grundlage liquider Vermögenswerte anstatt von Einkommen.

Diese Programme können für bestimmte Kreditnehmer äußerst wertvoll sein, gehen jedoch oft mit höheren Kosten und strengeren Anforderungen in anderen Bereichen einher, etwa bei Rücklagen oder Bonitätsanforderungen. Als Anfänger sollten Sie diese Kompromisse sorgfältig abwägen. Obwohl diese Darlehen Ihnen den Einstieg ermöglichen können, sollten sie strategisch und nicht als Standardlösung eingesetzt werden.

Neben der Auswahl des Darlehenstyps müssen Sie auch berücksichtigen, wie die Immobilie klassifiziert wird. Diese Entscheidung kann erhebliche Auswirkungen auf Ihre Finanzierungsmöglichkeiten haben. Einige Kreditnehmer entscheiden sich beispielsweise dafür, ihre erste Airbnb-Immobilie als Zweitwohnsitz und nicht als Investitionsimmobilie zu erwerben. Dies kann niedrigere Anzahlungsanforderungen und bessere Zinssätze ermöglichen. Allerdings sind Zweitwohnsitzdarlehen mit Nutzungsanforderungen und Einschränkungen verbunden, die sorgfältig eingehalten werden müssen.

Das Verständnis dieser Klassifizierungen ermöglicht es Ihnen, Ihren Deal so zu strukturieren, dass Sie Ihre Vorteile maximieren und gleichzeitig die Richtlinien der Kreditgeber einhalten. Hier wird Strategie besonders wichtig. Dieselbe

Immobilie kann je nach Positionierung auf unterschiedliche Weise finanziert werden, und jede Methode führt zu unterschiedlichen finanziellen Ergebnissen.

Ein weiterer Schlüsselfaktor Ihrer Finanzierungsstrategie ist Ihr langfristiger Plan. Möchten Sie nur eine Immobilie erwerben oder ein Portfolio aufbauen? Wenn Ihr Ziel Wachstum ist, müssen Sie über Ihren ersten Deal hinausdenken. Sie müssen berücksichtigen, wie sich Ihr aktuelles Darlehen auf Ihre Fähigkeit auswirkt, zukünftige Finanzierungen zu erhalten. Konventionelle Darlehen können Sie nach einer bestimmten Anzahl von Immobilien einschränken, während DSCR-Darlehen oft mehr Flexibilität für die Expansion bieten.

Ihre Rücklagen spielen ebenfalls eine wichtige Rolle. Kreditgeber möchten sehen, dass Sie finanziell in der Lage sind, unerwartete Herausforderungen zu bewältigen. Dies bedeutet in der Regel, mehrere Monate an Hypothekenzahlungen in liquider Form verfügbar zu haben. Starke Rücklagen verbessern nicht nur Ihre Genehmigungschancen, sondern können Ihnen auch helfen, bessere Konditionen auszuhandeln.

Auch Ihre Bonität ist ein entscheidender Bestandteil. Eine höhere Kreditwürdigkeit eröffnet Zugang zu günstigeren

Darlehensoptionen, niedrigeren Zinssätzen und geringeren Anzahlungsanforderungen. Als Anfänger kann es erhebliche Auswirkungen auf Ihr Gesamtergebnis haben, wenn Sie sich die Zeit nehmen, Ihre Bonität vor der Beantragung eines Darlehens zu optimieren.

Ebenso wichtig ist das Verständnis der Zinssätze und ihres Einflusses auf Ihre Investition. Ein niedrigerer Zinssatz reduziert Ihre monatliche Zahlung, verbessert Ihren Cashflow und erhöht Ihren DSCR. Ein höherer Zinssatz erhöht dagegen Ihre Kosten und kann Anpassungen Ihrer Deal-Struktur erforderlich machen. Selbst ein kleiner Zinsunterschied kann sich langfristig erheblich auswirken.

Auch die Darlehenslaufzeiten sind von Bedeutung. Die meisten Darlehen für Investitionsimmobilien sind als festverzinsliche 30-Jahres-Darlehen strukturiert. Es gibt jedoch auch Optionen mit variablen Zinssätzen, tilgungsfreien Zeiträumen oder kürzeren Laufzeiten. Jede Option bringt ihre eigenen Vorteile und Risiken mit sich. Ein tilgungsfreies Darlehen kann beispielsweise die anfänglichen Zahlungen reduzieren und den kurzfristigen Cashflow verbessern, baut jedoch nicht in gleicher Weise Eigenkapital auf wie ein vollständig amortisierendes Darlehen.

Denken Sie bei der Bewertung Ihrer Optionen daran, dass es bei Ihrem ersten Deal nicht darum geht, jeden möglichen Vorteil auszuschöpfen. Es geht darum, einen ausgewogenen Ansatz zu finden, der Ihnen einen sicheren und nachhaltigen Markteintritt ermöglicht. Das Ziel ist ein Deal, der unter realistischen Bedingungen funktioniert und nicht nur unter idealen Annahmen.

Die Zusammenarbeit mit den richtigen Fachleuten kann in diesem Prozess einen erheblichen Unterschied machen. Ein erfahrener Hypothekenmakler oder Kreditsachbearbeiter kann Ihnen helfen, Optionen zu vergleichen, die beste Strategie für Ihre Situation zu identifizieren und die Komplexität des Genehmigungsprozesses zu bewältigen. Darüber hinaus kann er Ihnen Einblicke in kreditgeberspezifische Richtlinien geben, die nicht sofort offensichtlich sind.

Letztendlich geht es bei der Wahl der richtigen Finanzierungsstrategie um Abstimmung. Es geht darum, Ihr finanzielles Profil, Ihre Immobilienauswahl und Ihre langfristigen Ziele in einem kohärenten Plan zusammenzuführen. Wenn diese Elemente harmonisch zusammenwirken, steigen Ihre Erfolgschancen erheblich. Ihr erster Airbnb-Deal ist zwar eine Lernerfahrung, aber auch ein Fundament. Die Entscheidungen, die Sie heute treffen, werden

Ihre zukünftigen Möglichkeiten beeinflussen. Indem Sie Ihre Optionen verstehen und Ihre Strategie sorgfältig auswählen, positionieren Sie sich nicht nur für den Erwerb Ihrer ersten Immobilie, sondern auch für den Aufbau eines skalierbaren und profitablen Portfolios.

Vergleich von Finanzierungsstrategien für Ihre Erste Airbnb-Immobilie

Nehmen wir an, Sie bewerten dieselbe Airbnb-Immobilie mit einem Kaufpreis von 350.000 US-Dollar. Sie ziehen drei verschiedene Finanzierungsoptionen in Betracht: ein konventionelles Darlehen, ein DSCR-Darlehen und ein Bankauszugsdarlehen. Jede Option führt zu einem anderen finanziellen Ergebnis, obwohl die Immobilie selbst unverändert bleibt.

Bei einem konventionellen Darlehen entscheiden Sie sich für eine Anzahlung von 15 %, was 52.500 US-Dollar entspricht. Ihr Darlehensbetrag beträgt 297.500 US-Dollar. Der Zinssatz liegt bei 6,75 %, und Ihre monatliche Zahlung für Tilgung und Zinsen beträgt ungefähr 1.930 US-Dollar. Hinzu kommen Grundsteuern von 320 US-Dollar pro Monat und Versicherungen von 180 US-Dollar pro Monat, wodurch sich Ihre gesamte monatliche Zahlung auf 2.430 US-Dollar erhöht.

Nun schätzen wir die Einnahmen. Basierend auf Marktdaten generiert die Immobilie monatlich 4.000 US-Dollar Bruttoeinnahmen über Airbnb. Nach Betriebskosten von 1.300 US-Dollar verbleibt ein Nettobetriebseinkommen von 2.700 US-Dollar. Nach Abzug der Hypothekenzahlung und aller Ausgaben ergibt sich ein monatlicher Cashflow von 270 US-Dollar.

Betrachten wir nun die DSCR-Option. In diesem Szenario leisten Sie eine Anzahlung von 25 % beziehungsweise 87.500 US-Dollar, wodurch sich der Darlehensbetrag auf 262.500 US-Dollar reduziert. Der Zinssatz liegt etwas höher bei 7,5 %, und Ihre monatliche Zahlung für Tilgung und Zinsen beträgt ungefähr 1.840 US-Dollar. Einschließlich Steuern und Versicherung beläuft sich Ihre gesamte monatliche Zahlung auf 2.340 US-Dollar.

Bei demselben Nettobetriebseinkommen von 2.700 US-Dollar erhöht sich Ihr monatlicher Cashflow auf 360 US-Dollar. Zusätzlich verbessert sich Ihr DSCR, da der niedrigere Darlehensbetrag Ihr Risikoprofil reduziert. Diese Option erfordert mehr Kapital im Voraus, liefert jedoch eine bessere monatliche Performance.

Betrachten wir schließlich das Bankauszugsdarlehen. Sie leisten eine Anzahlung von 20 % beziehungsweise 70.000

US-Dollar, wodurch sich der Darlehensbetrag auf 280.000 US-Dollar beläuft. Der Zinssatz ist mit 8 % höher, und Ihre monatliche Zahlung für Tilgung und Zinsen beträgt ungefähr 2.060 US-Dollar. Einschließlich Steuern und Versicherung ergibt sich eine monatliche Gesamtzahlung von 2.560 US-Dollar.

Bei demselben Nettobetriebseinkommen von 2.700 US-Dollar reduziert sich Ihr Cashflow auf lediglich 140 US-Dollar pro Monat. Obwohl diese Option eine flexiblere Qualifikation ermöglicht, wirkt sich der höhere Preis negativ auf Ihre Rentabilität aus.

Betrachten wir nun die langfristigen Auswirkungen dieser Entscheidungen. Mit dem konventionellen Darlehen können Sie aufgrund der geringeren Anzahlung mehr Kapital für zukünftige Deals behalten. Ihre Schuldenquote könnte jedoch Ihre Skalierbarkeit begrenzen. Mit dem DSCR-Darlehen benötigen Sie mehr Eigenkapital, profitieren jedoch von besserem Cashflow und größerer Skalierbarkeit. Mit dem Bankauszugsdarlehen erhalten Sie Flexibilität bei der Qualifikation, opfern jedoch einen Teil Ihrer Rentabilität.

Wenn Sie planen, mehrere Immobilien zu erwerben, könnte das DSCR-Darlehen die skalierbarste Option sein, da es nicht auf Ihrem persönlichen Einkommen basiert. Wenn die

Erhaltung Ihres Kapitals Priorität hat, könnte das konventionelle Darlehen attraktiver sein. Wenn Ihre Einkommensdokumentation begrenzt ist, könnte ein Bankauszugsdarlehen notwendig sein.

Dieses Beispiel zeigt, dass es kein einziges „bestes" Darlehen gibt. Die richtige Wahl hängt von Ihrer individuellen Situation, Ihren Zielen und Ihrer Strategie ab. Indem Sie die Zahlen verstehen und Ihre Optionen sorgfältig bewerten, können Sie eine Entscheidung treffen, die sowohl Ihre unmittelbaren Ziele als auch Ihre langfristige Vision unterstützt.

Denken Sie daran, dass Finanzierung nicht nur eine Voraussetzung ist. Sie ist ein Werkzeug. Richtig eingesetzt kann sie Chancen eröffnen, Ihre Renditen steigern und Ihr Wachstum beschleunigen. Die Fähigkeit, das richtige Darlehen auszuwählen und optimal zu strukturieren, gehört zu den wichtigsten Fähigkeiten, die Sie als Airbnb-Investor entwickeln werden.

Kapitel 3

Strategien mit Geringer Anzahlung für den Kauf Ihrer Ersten Airbnb-Immobilie

Eine der größten Hürden für Anfänger beim Einstieg in den Airbnb-Markt ist die Überzeugung, dass sie eine große Geldsumme benötigen, um überhaupt beginnen zu können. Viele gehen davon aus, dass für jede Investitionsimmobilie eine Anzahlung von 20 % bis 25 % erforderlich ist, was besonders in Kombination mit Abschlusskosten, Rücklagen und Einrichtungskosten überwältigend wirken kann. Obwohl dies ein häufiger Weg ist, ist es keineswegs der einzige. Tatsächlich gibt es mehrere Strategien mit geringer Anzahlung, die es Ihnen ermöglichen können, Ihre erste Airbnb-Immobilie mit deutlich weniger Kapital zu erwerben — vorausgesetzt, Sie verstehen, wie der Deal richtig strukturiert wird.

Der Schlüssel zur erfolgreichen Nutzung von Strategien mit geringer Anzahlung liegt darin, zu verstehen, wie Kreditgeber Immobilien und Kreditnehmer klassifizieren. Dieselbe Immobilie kann auf unterschiedliche Weise finanziert werden, je nachdem, wie sie positioniert wird. Eine Immobilie, die beispielsweise als Hauptwohnsitz oder Zweitwohnsitz eingestuft wird, kann für eine geringere Anzahlung qualifiziert sein als eine Immobilie, die ausschließlich als Investitionsobjekt gilt. Dieser Unterschied schafft Chancen für Anfänger, die bereit sind, ihren ersten Deal strategisch anzugehen.

Eine der häufigsten Strategien mit geringer Anzahlung besteht darin, eine Immobilie als Hauptwohnsitz zu erwerben. In diesem Szenario bewohnen Sie die Immobilie selbst als Ihren Hauptwohnsitz, wodurch Sie Zugang zu Darlehensprogrammen mit Anzahlungen von lediglich 3 % bis 5 % erhalten können, abhängig von der Darlehensart. Im Laufe der Zeit können Sie die Immobilie in ein Mietobjekt umwandeln, nachdem die erforderlichen Belegungsanforderungen erfüllt wurden. Diese Strategie wird häufig als „House Hacking" bezeichnet und kann ein äußerst wirkungsvoller Weg sein, mit minimalem Eigenkapital in den Markt einzusteigen.

Dieser Ansatz erfordert jedoch sorgfältige Planung und die Einhaltung aller Vorschriften. Kreditgeber erwarten, dass Sie die Immobilie tatsächlich als Ihren Hauptwohnsitz nutzen, in der Regel für mindestens ein Jahr. Eine falsche Darstellung

Ihrer Absichten kann schwerwiegende Konsequenzen haben. Das Ziel besteht darin, diese Strategie ethisch und regelkonform zu nutzen, um Ihre anfängliche Investition zu reduzieren und gleichzeitig die Grundlage für zukünftiges Wachstum zu schaffen.

Eine weitere beliebte Strategie besteht darin, eine Immobilie als Zweitwohnsitz zu erwerben. Darlehen für Zweitwohnsitze erfordern häufig geringere Anzahlungen als klassische Investitionsdarlehen und liegen oft im Bereich von 10 % bis 15 %. Diese Darlehen sind für Immobilien gedacht, die Sie einen Teil des Jahres selbst nutzen und während Ihrer Abwesenheit vermieten. Für Airbnb-Investoren entsteht dadurch eine Hybridstrategie, bei der Sie Einkommen erzielen und gleichzeitig die Immobilie persönlich nutzen können.

Der Vorteil dieses Ansatzes liegt im Zugang zu besseren Finanzierungskonditionen, darunter niedrigere Zinssätze und geringere Anzahlungsanforderungen. Allerdings gibt es Einschränkungen. Die Immobilie muss sich in der Regel in einer bestimmten Entfernung von Ihrem Hauptwohnsitz befinden, und Sie müssen nachweisen können, dass sie für die persönliche Nutzung geeignet ist. Darüber hinaus begrenzen einige Kreditgeber die Anzahl der Tage, an denen die Immobilie vermietet werden darf.

Für Anfänger kann die Finanzierung eines Zweitwohnsitzes ein hervorragender Einstieg sein, sofern sie korrekt strukturiert wird. Sie ermöglicht eine geringere Anfangsinvestition und gleichzeitig die Teilnahme am Markt für Kurzzeitvermietungen. Der Schlüssel liegt darin, eine Immobilie auszuwählen, die sowohl die Anforderungen des Kreditgebers als auch die Nachfrage des Marktes erfüllt.

Zusätzlich zu diesen Strategien gibt es kreative Möglichkeiten, die eigenen Auslagen zu reduzieren. Beispielsweise können Verkäuferzugeständnisse genutzt werden, um einen Teil der Abschlusskosten zu decken. Dadurch reduziert sich der Gesamtbetrag, den Sie beim Abschluss aufbringen müssen, was die Transaktion deutlich erschwinglicher macht. Zwar reduzieren Verkäuferzugeständnisse nicht die eigentliche Anzahlung, sie können jedoch die anfängliche finanzielle Belastung erheblich senken.

Eine weitere Möglichkeit besteht darin, Schenkungsmittel zu nutzen. Viele Darlehensprogramme erlauben, dass ein Teil der Anzahlung durch eine Schenkung eines Familienmitglieds finanziert wird. Dies kann besonders hilfreich für Anfänger sein, die über ein gutes Einkommen oder eine starke Bonität verfügen, jedoch nur begrenzte Ersparnisse besitzen. Durch die Kombination eigener Mittel mit einer Schenkung können die Anforderungen an die Anzahlung leichter erfüllt werden.

Ebenso sollten Partnerschaften in Betracht gezogen werden. Obwohl diese Strategie sorgfältig strukturiert werden muss, kann eine Partnerschaft mit einem anderen Investor die finanzielle Verantwortung aufteilen. Ein Partner könnte die Anzahlung bereitstellen, während der andere die Verwaltung oder den operativen Betrieb übernimmt. Dadurch können Sie Ihre persönliche Kapitalinvestition reduzieren und gleichzeitig Erfahrung und Eigentumsanteile aufbauen.

Partnerschaften sollten jedoch mit Vorsicht eingegangen werden. Klare Vereinbarungen, definierte Verantwortlichkeiten und übereinstimmende Ziele sind entscheidend. Ohne eine solide Struktur können Partnerschaften mehr Probleme als Chancen schaffen. Als Anfänger ist es ratsam, mit Fachleuten zusammenzuarbeiten, die bei der Erstellung von Vereinbarungen helfen können, die alle Beteiligten schützen.

Eine weitere Strategie besteht darin, Rücklagen gezielt einzusetzen. Obwohl Rücklagen normalerweise von Kreditgebern verlangt werden, können starke Rücklagen manchmal andere Schwächen ausgleichen, etwa eine geringere Anzahlung oder eine durchschnittliche Bonität. Das bedeutet, dass selbst bei einer geringeren Anzahlung finanzielle Stabilität durch ausreichende Rücklagen Ihre Darlehensanfrage stärken kann.

Zusätzlich zu diesen Strategien müssen Sie die gesamten Kosten des Einstiegs in den Airbnb-Markt berücksichtigen. Die Anzahlung ist nur ein Teil der Gleichung. Sie müssen auch Abschlusskosten einplanen, die in der Regel zwischen 2 % und 5 % des Kaufpreises liegen. Hinzu kommen Einrichtungskosten, Ausstattungsausgaben und anfängliche Betriebskosten. Eine Strategie mit geringer Anzahlung ist nur dann effektiv, wenn Sie auf sämtliche damit verbundenen Kosten vorbereitet sind.

Bei der Bewertung dieser Optionen ist es wichtig, Chancen und Risiken abzuwägen. Eine geringere Anzahlung erhöht Ihren Fremdkapitaleinsatz und kann dadurch Ihre Renditen steigern. Gleichzeitig erhöht sie jedoch Ihre monatlichen Zahlungen und reduziert Ihren Spielraum für Fehler. Das bedeutet, dass Ihr Deal stark genug sein muss, um die zusätzliche Hebelwirkung zu tragen.

Für Anfänger besteht das Ziel nicht darin, die Investition um jeden Preis zu minimieren. Das Ziel besteht darin, das vorhandene Kapital effizient einzusetzen und gleichzeitig Stabilität zu gewährleisten. Ein gut strukturierter Deal mit etwas höherer Anzahlung kann langfristig nachhaltiger sein als ein stark fremdfinanzierter Deal mit minimalen Rücklagen. Dieses Gleichgewicht zu verstehen, ist entscheidend für Ihren langfristigen Erfolg.

Ein weiterer wichtiger Aspekt ist die Auswirkung Ihrer Anzahlungsstrategie auf Ihre Skalierungsfähigkeit. Wenn Sie Ihr gesamtes Kapital in Ihren ersten Deal investieren, könnte es schwierig werden, weitere Immobilien zu erwerben. Wenn Sie hingegen durch eine geringere Anzahlung Kapital erhalten, können Sie möglicherweise schneller in Ihren zweiten Deal investieren. Genau hier wird Strategie entscheidend.

Ihre erste Airbnb-Immobilie sollte nicht ausschließlich im Hinblick auf den unmittelbaren Cashflow betrachtet werden. Es geht darum, sich für zukünftiges Wachstum zu positionieren. Jede Entscheidung sollte im Kontext Ihrer langfristigen Ziele bewertet werden. Durch die intelligente Nutzung von Strategien mit geringer Anzahlung können Sie früher in den Markt eintreten und gleichzeitig die Flexibilität bewahren, Ihr Portfolio auszubauen.

Letztendlich ist der wichtigste Faktor das Verständnis Ihrer Optionen. Viele Anfänger glauben, nicht bereit zu sein, weil ihnen größere Bargeldreserven fehlen. In Wirklichkeit können viele dieser Hindernisse mit der richtigen Strategie überwunden werden. Dieses Kapitel soll zeigen, dass der Einstieg in den Airbnb-Markt zugänglicher ist, als viele glauben.

Ihr erster Deal hängt nicht davon ab, unbegrenzte Ressourcen zu besitzen. Es geht darum, die vorhandenen Ressourcen möglichst effektiv einzusetzen. Durch die Kombination der richtigen Darlehensstruktur, Immobilienklassifizierung und Finanzierungsstrategie können Sie Ihren ersten Schritt in die Welt der Airbnb-Investitionen machen.

Strukturierung eines Airbnb-Deals mit Geringer Anzahlung

Betrachten wir ein detailliertes Beispiel dafür, wie ein Anfänger mithilfe einer Strategie mit geringer Anzahlung seine erste Airbnb-Immobilie erwerben kann. Stellen Sie sich vor, Sie kaufen eine Immobilie für 300.000 US-Dollar in einem starken Markt für Kurzzeitvermietungen. Anstatt ein traditionelles Investitionsdarlehen mit 20 % Anzahlung zu verwenden, strukturieren Sie den Deal als Kauf eines Zweitwohnsitzes mit einer Anzahlung von 10 %.

Ihre Anzahlung beträgt 30.000 US-Dollar, wodurch sich ein Darlehensbetrag von 270.000 US-Dollar ergibt. Der Zinssatz liegt bei 6,75 %, was aufgrund der Einstufung als Zweitwohnsitz niedriger ist als bei den meisten

Investitionsdarlehen. Ihre monatliche Zahlung für Tilgung und Zinsen beträgt ungefähr 1.750 US-Dollar. Hinzu kommen Grundsteuern von 280 US-Dollar pro Monat und Versicherungen von 140 US-Dollar pro Monat, wodurch sich Ihre gesamten monatlichen Wohnkosten auf 2.170 US-Dollar belaufen.

Nun analysieren wir das Einkommenspotenzial. Basierend auf vergleichbaren Airbnb-Immobilien in der Region beträgt der durchschnittliche Tagespreis 160 US-Dollar und die durchschnittliche Auslastung 65 %. Dies ergibt ungefähr 19,5 gebuchte Nächte pro Monat. Multipliziert man 160 US-Dollar mit 19,5 Nächten, ergibt sich ein monatliches Bruttoeinkommen von 3.120 US-Dollar.

Anschließend berücksichtigen Sie die Betriebskosten, darunter Reinigung, Nebenkosten, Wartung und Plattformgebühren. Nehmen wir an, diese betragen insgesamt 1.050 US-Dollar pro Monat. Damit verbleibt ein Nettobetriebseinkommen von 2.070 US-Dollar.

Vergleicht man dieses Nettobetriebseinkommen von 2.070 US-Dollar mit den monatlichen Wohnkosten von 2.170 US-Dollar, liegt der Deal zunächst etwa 100 US-Dollar pro Monat unter dem Break-even-Punkt. Auf den ersten Blick mag dies wie ein schwacher Deal erscheinen. Es gibt jedoch mehrere Möglichkeiten, die Zahlen zu verbessern.

Wenn Sie die Auslastung auf 70 % erhöhen, steigen die gebuchten Nächte auf etwa 21 pro Monat. Bei einem Tagespreis von 160 US-Dollar ergibt sich ein Bruttoeinkommen von 3.360 US-Dollar. Nach Abzug der Betriebskosten von 1.050 US-Dollar steigt das Nettobetriebseinkommen auf 2.310 US-Dollar. Dadurch entsteht ein positiver monatlicher Cashflow von 140 US-Dollar.

Betrachten wir nun, wie sich die geringe Anzahlung auf Ihre Gesamtrendite auswirkt. Ihre Gesamtinvestition umfasst die Anzahlung von 30.000 US-Dollar, etwa 9.000 US-Dollar an Abschlusskosten sowie 10.000 US-Dollar für Einrichtung und Ausstattung. Damit beträgt Ihre Gesamtinvestition 49.000 US-Dollar.

Bei einem monatlichen Cashflow von 140 US-Dollar ergibt sich ein jährlicher Cashflow von 1.680 US-Dollar. Teilt man diesen Betrag durch die Gesamtinvestition von 49.000 US-Dollar, erhält man eine Cash-on-Cash-Rendite von etwa 3,4 %. Auch wenn dies zunächst nicht besonders hoch erscheint, sollten Wertsteigerungen, steuerliche Vorteile und die Möglichkeit, weitere Immobilien zu erwerben, ebenfalls berücksichtigt werden.

Vergleichen wir dies mit einem Szenario, bei dem 20 % angezahlt werden. Wenn Sie statt 30.000 US-Dollar eine Anzahlung von 60.000 US-Dollar leisten würden, wäre Ihr Darlehensbetrag niedriger. Dadurch würden sich Ihre monatlichen Zahlungen reduzieren und Ihr Cashflow erhöhen. Gleichzeitig wäre Ihre Gesamtinvestition jedoch deutlich höher, was Ihre Fähigkeit einschränken könnte, eine weitere Immobilie zu erwerben.

Dieses Beispiel verdeutlicht die Kompromisse, die mit Strategien geringer Anzahlung verbunden sind. Durch eine geringere Anfangsinvestition erhalten Sie Kapital und verbessern Ihre Skalierungsfähigkeit. Gleichzeitig müssen Sie sicherstellen, dass Ihr Deal stabil bleibt und in der Lage ist, konstante Einnahmen zu generieren.

Mit zunehmender Erfahrung werden Sie Ihre Strategie weiterentwickeln können. Sie können sich für eine Refinanzierung entscheiden, Ihre Darlehensstruktur anpassen oder auf andere Immobilientypen umsteigen. Ihr erster Deal ist lediglich der Ausgangspunkt und nicht das endgültige Ziel.

Die wichtigste Erkenntnis lautet, dass Strategien mit geringer Anzahlung keine Abkürzungen sind. Sie sind Werkzeuge. Richtig eingesetzt ermöglichen sie einen früheren Markteintritt und den Aufbau von Dynamik. Falsch eingesetzt können sie unnötige Risiken schaffen.

Indem Sie die Zahlen verstehen, Ihre Optionen bewerten und fundierte Entscheidungen treffen, können Sie diese Strategien zu Ihrem Vorteil nutzen. Ihre erste Airbnb-Immobilie ist erreichbar. Der Schlüssel liegt darin, den Deal so zu strukturieren, dass er zu Ihrer individuellen Situation passt.

Kapitel 4

Die Richtige Denkweise für Ihren Ersten Airbnb-Deal Entwickeln

Zu diesem Zeitpunkt Ihrer Reise verstehen Sie bereits, wie Finanzierung funktioniert, wie Sie die richtige Darlehensstrategie auswählen und wie Sie Ihre Anfangsinvestition durch Strategien mit geringer Anzahlung reduzieren können. Es gibt jedoch einen entscheidenden Faktor, der oft darüber entscheidet, ob ein Anfänger seinen ersten Airbnb-Deal erfolgreich abschließt oder in endlosen Analysen stecken bleibt – die Denkweise. Die Art und Weise, wie Sie über Ihren ersten Deal denken, beeinflusst Ihre Entscheidungen, Ihr Handlungsniveau und letztendlich Ihre Ergebnisse.

Viele Anfänger gehen ihre erste Airbnb-Investition mit Unsicherheit an. Sie analysieren jedes Detail übermäßig, suchen endlos nach dem „perfekten" Deal und verschieben Entscheidungen aus Angst, Fehler zu machen. Vorsicht ist zwar wichtig, doch übermäßiges Zögern kann selbst zu einem Hindernis werden. Die Wahrheit ist, dass Ihr erster Deal nicht von Perfektion handelt. Er handelt von Fortschritt. Es geht darum, zu lernen, wie der Prozess tatsächlich funktioniert, wie Deals in der Praxis ablaufen und wie Sie das Selbstvertrauen entwickeln, voranzugehen.

Eine der wichtigsten Veränderungen Ihrer Denkweise besteht darin, vom Konsumenten zum Investor zu werden. Ein Konsument sucht Komfort, Ästhetik und persönliche Vorlieben. Ein Investor sucht Zahlen, Leistung und langfristigen Wert. Bei der Bewertung Ihrer ersten Airbnb-Immobilie ist es leicht, sich davon ablenken zu lassen, wie die Immobilie aussieht oder welche persönlichen Gefühle sie bei Ihnen auslöst. Obwohl die Präsentation im Bereich der Kurzzeitvermietungen wichtig ist, sollte Ihr Hauptaugenmerk immer auf der finanziellen Leistungsfähigkeit der Immobilie liegen.

Das bedeutet, andere Fragen zu stellen. Anstatt zu fragen: „Gefällt mir diese Immobilie?“, sollten Sie fragen: „Erwirtschaftet diese Immobilie konstante Einnahmen?“ Anstatt zu fragen: „Würde ich hier gerne übernachten?“, sollten Sie fragen: „Sind Gäste bereit, dafür zu bezahlen, hier zu übernachten?“ Dieser Perspektivwechsel mag einfach erscheinen, verändert jedoch grundlegend Ihre Bewertung von Chancen.

Ein weiterer wichtiger Bestandteil Ihrer Denkweise ist das Verständnis von Risiko. Jede Investition birgt Risiken, und Airbnb-Immobilien bilden keine Ausnahme. Die Auslastung kann schwanken, Kosten können steigen und Marktbedingungen können sich verändern. Risiko ist jedoch nicht etwas, das man vollständig vermeiden sollte — es ist etwas, das man steuern muss. Erfolgreiche Investoren eliminieren Risiken nicht, sondern strukturieren ihre Deals so, dass Risiken innerhalb akzeptabler Grenzen bleiben.

Für Ihren ersten Deal bedeutet dies, Stabilität statt maximaler Rendite zu priorisieren. Eine Immobilie, die konstante und vorhersehbare Einnahmen generiert, ist wesentlich wertvoller als eine Immobilie, die hohe Gewinne verspricht, jedoch mit erheblicher Unsicherheit verbunden ist. Als Anfänger besteht Ihr Ziel darin, ein solides Fundament aufzubauen. Sobald Sie Erfahrung und Selbstvertrauen gewonnen haben, können Sie aggressivere Chancen verfolgen.

Ein weiterer wichtiger Aspekt Ihrer Denkweise ist Ihre Beziehung zu Zahlen. Viele Anfänger fühlen sich von finanziellen Berechnungen eingeschüchtert. Die Realität ist jedoch, dass erfolgreiches Investieren auf einfacher und wiederholbarer Mathematik basiert. Sie müssen kein Experte für komplexe Finanzmodelle sein. Sie müssen lediglich einige wichtige Kennzahlen verstehen und konsequent anwenden.

Zu diesen Kennzahlen gehören Ihre monatliche Zahlung, Ihre Betriebskosten, Ihr Nettoeinkommen und Ihr Cashflow. Indem Sie sich auf diese Kernzahlen konzentrieren, können Sie schnell beurteilen, ob ein Deal sinnvoll ist. Mit der Zeit wird dieser Prozess zur Gewohnheit und ermöglicht es Ihnen, Deals schnell und mit Selbstvertrauen zu analysieren.

Selbstvertrauen ist ein weiterer entscheidender Faktor. Viele Anfänger warten, bis sie sich vollständig bereit fühlen, bevor sie handeln. Doch Selbstvertrauen entsteht nicht vor dem Handeln. Es entsteht durch Handeln. Jeder Schritt, den Sie unternehmen – sei es die Analyse eines Deals, ein Gespräch mit einem Kreditgeber oder die Abgabe eines Angebots – erweitert Ihre Erfahrung und stärkt Ihr Selbstvertrauen.

Das bedeutet nicht, unüberlegt zu handeln. Es bedeutet, fundierte und kalkulierte Schritte nach vorne zu machen. Es bedeutet zu akzeptieren, dass Sie nicht alles wissen werden und dass Unsicherheit ein natürlicher Bestandteil des Prozesses ist. Der Schlüssel liegt darin, mit einem klaren Verständnis Ihrer Zahlen und einer soliden Strategie voranzuschreiten.

Ihre Denkweise beeinflusst auch, wie Sie mit Rückschlägen umgehen. Es ist üblich, dass Anfänger Herausforderungen wie Darlehensablehnungen, Bewertungsprobleme oder gescheiterte Deals erleben. Solche Situationen können entmutigend sein, sind jedoch gleichzeitig Teil des Lernprozesses. Jeder Rückschlag liefert wertvolle Erkenntnisse, die Ihre Vorgehensweise verbessern können.

Anstatt Rückschläge als Misserfolge zu betrachten, sollten Sie sie als Feedback ansehen. Sie zeigen Ihnen Bereiche auf, in denen Ihre Strategie verfeinert, Ihre Zahlen angepasst oder Ihr Ansatz verbessert werden kann. Diese Perspektive hilft Ihnen, fokussiert zu bleiben und weiter voranzukommen.

Ein weiterer wichtiger Perspektivwechsel besteht darin, die langfristige Natur des Investierens zu verstehen. Ihre erste Airbnb-Immobilie ist kein einmaliges Ereignis. Sie ist der Beginn einer Reise. Das Ziel besteht nicht darin, sofort Perfektion zu erreichen, sondern ein System aufzubauen, das sich im Laufe der Zeit wiederholen und skalieren lässt.

Das bedeutet, über Ihren ersten Deal hinauszudenken. Wie wird diese Immobilie Ihre Fähigkeit beeinflussen, eine weitere Immobilie zu erwerben? Wie wird Ihre Finanzierungsstrategie Ihr langfristiges Wachstum beeinflussen? Wie wird Ihr Cashflow zu zukünftigen Investitionen beitragen? Indem Sie sich diese Fragen stellen, beginnen Sie strategisch statt transaktionsorientiert zu denken.

Zeit spielt ebenfalls eine wichtige Rolle. Viele Anfänger unterschätzen die Bedeutung des richtigen Timings. Chancen bleiben nicht unbegrenzt verfügbar. Märkte verändern sich, Zinssätze schwanken und Immobilienwerte steigen oder fallen. Es ist wichtig, vorbereitet zu sein, aber ebenso wichtig ist es zu erkennen, wann der Zeitpunkt gekommen ist, voranzugehen.

Die Balance zwischen Vorbereitung und Handlung gehört zu den wichtigsten Fähigkeiten, die Sie entwickeln werden. Zu viel Vorbereitung ohne Handlung führt zu Stillstand. Zu viel Handlung ohne Vorbereitung führt zu Fehlern. Das Ziel besteht darin, die Balance zu finden, bei der Sie ausreichend informiert sind, um Entscheidungen zu treffen, und gleichzeitig genug Selbstvertrauen besitzen, um diese umzusetzen.

Auch Ihr Umfeld beeinflusst Ihre Denkweise. Sich mit den richtigen Informationen, Werkzeugen und Fachleuten zu umgeben, kann Ihren Fortschritt erheblich beschleunigen. Die Zusammenarbeit mit erfahrenen Kreditgebern, Immobilienmaklern und Immobilienverwaltern kann Orientierung bieten und Unsicherheiten reduzieren. Ebenso kann das Lernen von Personen, die bereits erfolgreich Deals abgeschlossen haben, Ihr Wachstum beschleunigen.

Letztendlich bestimmt Ihre Denkweise, wie Sie Chancen wahrnehmen, Herausforderungen bewältigen und sich langfristig entwickeln. Sie ist das Fundament, auf dem jede Ihrer Entscheidungen aufbaut. Durch die Entwicklung der richtigen Denkweise positionieren Sie sich nicht nur für den erfolgreichen Abschluss Ihres ersten Airbnb-Deals, sondern auch für kontinuierliches Wachstum als Investor.

Ihr erster Deal markiert einen Übergangspunkt. Es ist der Moment, in dem Sie vom Lernen zum Handeln übergehen, vom Planen zum Umsetzen und vom Denken eines Anfängers zum Denken eines Investors. Dieser Wandel geschieht nicht über Nacht, doch mit der richtigen Denkweise wird er unvermeidlich.

Anwendung der Investorendenkweise auf den Ersten Airbnb-Deal

Betrachten wir ein Beispiel, das zeigt, wie Denkweise und Zahlen bei der Analyse Ihrer ersten Airbnb-Immobilie zusammenwirken. Stellen Sie sich vor, Sie bewerten eine Immobilie mit einem Kaufpreis von 325.000 US-Dollar. Sie planen eine Anzahlung von 15 %, was 48.750 US-Dollar entspricht und einen Darlehensbetrag von 276.250 US-Dollar ergibt.

Der Zinssatz beträgt 7 %, wodurch sich eine monatliche Zahlung für Tilgung und Zinsen von etwa 1.840 US-Dollar ergibt. Hinzu kommen Grundsteuern von 290 US-Dollar pro Monat sowie Versicherungen von 160 US-Dollar pro Monat. Dadurch betragen Ihre gesamten monatlichen Wohnkosten 2.290 US-Dollar.

Nun betrachten wir das Einkommenspotenzial. Basierend auf vergleichbaren Immobilien liegt der durchschnittliche Übernachtungspreis bei 170 US-Dollar und die durchschnittliche Auslastung bei 68 %. Dies ergibt ungefähr 20,4 gebuchte Nächte pro Monat. Multipliziert man 170 US-Dollar mit 20,4 Nächten, ergibt sich ein monatliches Bruttoeinkommen von 3.468 US-Dollar.

Anschließend schätzen Sie die Betriebskosten für Reinigung, Nebenkosten, Wartung und Plattformgebühren auf 1.150 US-Dollar pro Monat. Dadurch verbleibt ein Nettobetriebseinkommen von 2.318 US-Dollar.

Auf den ersten Blick scheint dieser Deal lediglich einen positiven Cashflow von 28 US-Dollar pro Monat zu erzeugen. Ein Anfänger mit Konsumentenmentalität könnte den Deal sofort ablehnen und sich ausschließlich auf den geringen Cashflow konzentrieren. Ein Investor betrachtet die Situation jedoch tiefergehend.

Zunächst wird das Optimierungspotenzial betrachtet. Wenn Sie das Inserat verbessern, die Preisstrategie optimieren oder das Gästeerlebnis aufwerten, könnte der durchschnittliche Übernachtungspreis auf 180 US-Dollar steigen. Bei derselben Auslastung von 68 % erhöht sich das monatliche Bruttoeinkommen auf 3.672 US-Dollar. Nach Abzug der Kosten steigt das Nettobetriebseinkommen auf 2.522 US-Dollar, wodurch sich der monatliche Cashflow auf 232 US-Dollar erhöht.

Betrachten wir nun eine Verbesserung der Auslastung. Steigt die Auslastung bei einem Übernachtungspreis von 170 US-Dollar auf 72 %, erhöht sich die Zahl der gebuchten Nächte auf 21,6 pro Monat. Das Bruttoeinkommen steigt ebenfalls auf 3.672 US-Dollar, wodurch das Nettobetriebseinkommen und der Cashflow entsprechend wachsen.

Nun betrachten wir ein konservativeres Szenario. Fällt die Auslastung auf 60 %, sinkt die Anzahl der gebuchten Nächte auf 18 pro Monat. Dadurch reduziert sich das Bruttoeinkommen auf 3.060 US-Dollar. Nach Abzug der Betriebskosten verbleibt ein Nettobetriebseinkommen von

1.910 US-Dollar, was zu einem negativen Cashflow von 380 US-Dollar pro Monat führt.

Eine Investorendenkweise bewertet alle drei Szenarien. Anstatt sich auf ein einzelnes Ergebnis zu konzentrieren, betrachten Sie das Best-Case-, das wahrscheinliche und das Worst-Case-Szenario. Dadurch können Risiken wesentlich genauer eingeschätzt werden.

Betrachten wir nun Ihre Gesamtinvestition. Die Anzahlung beträgt 48.750 US-Dollar, die Abschlusskosten etwa 10.000 US-Dollar und die Einrichtungskosten 12.000 US-Dollar. Ihre Gesamtinvestition beläuft sich somit auf 70.750 US-Dollar.

Wenn Ihr stabilisierter Cashflow 232 US-Dollar pro Monat beträgt, ergibt dies einen jährlichen Cashflow von 2.784 US-Dollar. Dividiert durch Ihre Gesamtinvestition ergibt sich eine Cash-on-Cash-Rendite von etwa 3,9 %. Auch wenn dieser Wert zunächst nicht beeindruckend erscheint, sollten Sie zusätzlich Wertsteigerungen, Tilgung des Darlehens und steuerliche Vorteile berücksichtigen.

Mit der Zeit kann der Wert Ihrer Immobilie steigen, Ihr Darlehenssaldo sinken und Ihr Mieteinkommen wachsen. Diese Faktoren tragen zu Ihrer Gesamtrendite bei, selbst wenn der anfängliche Cashflow moderat ausfällt.

Betrachten wir nun, wie die Denkweise Ihre Entscheidung beeinflusst. Ein Anfänger, der sich ausschließlich auf den unmittelbaren Cashflow konzentriert, könnte diesen Deal ablehnen. Ein Investor, der langfristigen Wert versteht, könnte denselben Deal als soliden Einstiegspunkt mit Entwicklungspotenzial erkennen.

Die wichtigste Erkenntnis ist, dass Zahlen allein Ihre Entscheidung nicht bestimmen. Ihre Interpretation dieser Zahlen — Ihre Denkweise — spielt eine ebenso wichtige Rolle. Indem Sie finanzielle Analysen mit einer strategischen Perspektive kombinieren, können Sie Entscheidungen treffen, die sowohl Ihre kurzfristige Stabilität als auch Ihr langfristiges Wachstum unterstützen.

Ihr erster Airbnb-Deal dreht sich nicht um Perfektion. Es geht darum, Chancen zu erkennen, Risiken zu managen und mit Selbstvertrauen zu handeln. Wenn Sie Ihre Denkweise mit Ihren Zahlen in Einklang bringen, schaffen Sie ein kraftvolles Fundament für langfristigen Erfolg.

Kapitel 5

Ihren Ersten Airbnb-Deal für Genehmigung und Rentabilität Strukturieren

Zu diesem Zeitpunkt verstehen Sie die Grundlagen der Finanzierung, verschiedene Darlehensstrategien, Ansätze mit geringer Anzahlung und die Denkweise, die erforderlich ist, um voranzukommen. Jetzt ist es an der Zeit, all diese Elemente in einer entscheidenden Fähigkeit zusammenzuführen: Ihren ersten Airbnb-Deal richtig zu strukturieren. Genau hier scheitern oder erfolgreich werden die meisten Anfänger. Es reicht nicht aus, lediglich eine gute Immobilie zu finden oder sich unabhängig für ein Darlehen zu qualifizieren. Der wahre Schlüssel besteht darin, die Immobilie, die Finanzierung und Ihr Kreditnehmerprofil zu einer einzigen, stimmigen Struktur zusammenzuführen, die sowohl vom Kreditgeber genehmigt wird als auch nachhaltige Gewinne erwirtschaftet.

Einen Deal zu strukturieren bedeutet, jede Komponente der Transaktion bewusst so zu gestalten, dass sie miteinander harmoniert. Dazu gehören der Kaufpreis, die Darlehensart, die

Anzahlung, die Rücklagen, die Einkommensprognosen und sogar die Art und Weise, wie die Immobilie dem Kreditgeber präsentiert wird. Wenn diese Elemente aufeinander abgestimmt sind, steigen Ihre Genehmigungschancen erheblich, und Ihre Investition wird deutlich stabiler.

Der erste Schritt bei der Strukturierung Ihres Deals besteht darin, zu verstehen, dass Kreditgeber nicht nur Sie genehmigen — sie genehmigen das gesamte Szenario. Dazu gehören Sie als Kreditnehmer, die Immobilie als Sicherheit und das Einkommenspotenzial des Deals. Wenn nur eine dieser Komponenten schwach ist, kann dies die gesamte Genehmigung beeinflussen. Ihre Aufgabe besteht darin, jeden Bereich zu stärken, sodass die gesamte Akte schlüssig erscheint.

Eines der wichtigsten Elemente ist die Beziehung zwischen Ihrem Darlehensbetrag und den Einnahmen der Immobilie. Dies ist besonders bei Airbnb- und Kurzzeitvermietungsobjekten von Bedeutung, da Kreditgeber häufig die Fähigkeit der Immobilie bewerten, das Darlehen zu tragen. Ist der Darlehensbetrag im Verhältnis zum Einkommen zu hoch, wird der Deal aus Sicht des Kreditgebers riskant. Genau hier kommt die Strukturierung ins Spiel.

Beispielsweise können Sie Ihre Anzahlung erhöhen, um den Darlehensbetrag zu reduzieren. Dadurch sinkt Ihre monatliche Zahlung und die Einkommensabdeckung verbessert sich. Alternativ können Sie ein anderes Darlehensprogramm mit günstigeren Konditionen wählen oder eine Immobilie mit höherem Einkommenspotenzial auswählen. Diese Anpassungen erfolgen nicht zufällig – sie sind strategische Entscheidungen, die die Gesamtstärke Ihres Deals verbessern sollen.

Ein weiterer wichtiger Bestandteil ist die Art und Weise, wie Sie Einnahmen prognostizieren und präsentieren. Viele Anfänger verlassen sich auf optimistische Annahmen bei der Schätzung von Airbnb-Einnahmen. Sie kalkulieren mit hohen Auslastungsraten und Premiumpreisen, ohne die tatsächlichen Marktbedingungen vollständig zu berücksichtigen. Obwohl es wichtig ist, das Potenzial einer Immobilie zu erkennen, konzentrieren sich Kreditgeber in der Regel auf konservative und nachvollziehbare Einkommensschätzungen.

Das bedeutet, dass Ihre Prognosen auf realen Daten basieren müssen. Vergleichsobjekte, historische Leistungsdaten und unabhängige Datenquellen spielen dabei eine wichtige Rolle. Das Ziel besteht darin, ein realistisches Einkommensprofil zu erstellen, auf das sich sowohl Sie als auch der Kreditgeber verlassen können. Eine Überschätzung der Einnahmen kann einen Deal auf dem Papier attraktiv erscheinen lassen, jedoch später im Underwriting-Prozess oder nach dem Abschluss Probleme verursachen.

Ausgaben sind ebenso wichtig. Ein häufiger Fehler von Anfängern besteht darin, die Betriebskosten zu unterschätzen. Reinigungskosten, Nebenkosten, Instandhaltung, Immobilienverwaltung und Plattformgebühren summieren sich schnell. Wenn Sie diese Kosten nicht realistisch berücksichtigen, spiegelt Ihr prognostizierter Cashflow nicht die Realität wider. Eine korrekte Deal-Strukturierung bedeutet daher, von Anfang an mit realistischen Kostenannahmen zu arbeiten.

Auch Ihre Rücklagen spielen eine entscheidende Rolle. Kreditgeber möchten sehen, dass Sie finanziell in der Lage sind, unerwartete Situationen wie Leerstände oder Reparaturen zu bewältigen. Starke Rücklagen können andere Schwächen Ihrer Akte ausgleichen, beispielsweise eine etwas niedrigere Kreditwürdigkeit oder ein knappes Einkommensverhältnis. Aus Ihrer Sicht dienen Rücklagen als Sicherheitsnetz, das Ihre Investition schützt.

Ein weiterer wichtiger Aspekt der Strukturierung ist die Wahl des richtigen Immobilientyps. Nicht jede Immobilie erzielt dieselbe Leistung auf dem Airbnb-Markt, und nicht jede Immobilie lässt sich gleich gut finanzieren. Faktoren wie Lage, Größe, Grundriss und lokale Vorschriften beeinflussen sowohl das Einkommenspotenzial als auch die Genehmigungsfähigkeit.

Eine Immobilie in einem stark nachgefragten Tourismusmarkt mit hoher Auslastung wird beispielsweise mit größerer Wahrscheinlichkeit konstante Einnahmen erzielen. Dies stärkt Ihren gesamten Deal. Eine Immobilie in einem eingeschränkten oder unsicheren Markt hingegen könnte Schwierigkeiten haben, die Anforderungen der Kreditgeber zu erfüllen, unabhängig davon, wie attraktiv sie auf den ersten Blick erscheint.

Auch das Timing ist ein oft unterschätzter Faktor. Zinssätze, Marktbedingungen und das verfügbare Immobilienangebot beeinflussen jeden Deal. Eine effektive Strukturierung bedeutet, diese Faktoren zu berücksichtigen und entsprechend zu handeln. In einem Umfeld steigender Zinsen kann die schnelle Sicherung eines günstigen Zinssatzes beispielsweise Ihren langfristigen Cashflow verbessern. In einem wettbewerbsintensiven Markt kann ein gut strukturiertes Kaufangebot Ihre Chancen erhöhen, die Immobilie überhaupt zu erhalten.

Verhandlungen spielen ebenfalls eine wichtige Rolle. Der Kaufpreis beeinflusst direkt Ihren Darlehensbetrag, Ihre Anzahlung und Ihre Gesamtrendite. Selbst eine kleine Preisreduzierung kann Ihre Zahlen spürbar verbessern. Darüber hinaus können Verkäuferzugeständnisse Ihre Anfangskosten senken und den Deal zugänglicher machen.

Ein weiterer entscheidender Faktor ist Ihre Exit-Strategie. Auch wenn Ihr Fokus zunächst auf dem Erwerb Ihrer ersten Immobilie liegt, sollten Sie bereits darüber nachdenken, wie Sie die Investition zukünftig verwalten oder beenden möchten. Werden Sie die Immobilie langfristig halten? Planen Sie eine Refinanzierung, um Eigenkapital freizusetzen? Möchten Sie sie nach einer Wertsteigerung verkaufen? Diese Überlegungen beeinflussen bereits heute die Struktur Ihres Deals.

Wenn Ihr Ziel beispielsweise eine spätere Refinanzierung ist, könnten Sie Immobilien mit hohem Wertsteigerungspotenzial priorisieren. Wenn Ihr Fokus auf sofortigem Cashflow liegt, könnten Sie Immobilien bevorzugen, die im Verhältnis zum Kaufpreis höhere Einnahmen generieren. Die Strukturierung Ihres Deals unter Berücksichtigung Ihrer Exit-Strategie stellt sicher, dass Ihre Investition mit Ihren langfristigen Zielen übereinstimmt.

Es ist auch wichtig zu verstehen, dass Ihr erster Deal nicht perfekt sein muss. Viele Anfänger verzögern ihr Handeln, weil sie versuchen, jede einzelne Variable zu optimieren. Obwohl Optimierung wertvoll ist, sollte sie den Fortschritt nicht verhindern. Ein gut strukturierter und solider Deal, der Ihre Kriterien erfüllt, ist wesentlich wertvoller als ein theoretisch perfekter Deal, der niemals zustande kommt.

Mit zunehmender Erfahrung wird sich Ihre Fähigkeit zur Deal-Strukturierung verbessern. Sie werden effizienter darin, Chancen zu erkennen, Variablen anzupassen und alle Komponenten einer Transaktion aufeinander abzustimmen. Diese Fähigkeit verstärkt sich im Laufe der Zeit und ermöglicht es Ihnen, schneller und mit größerem Selbstvertrauen zu handeln.

Die Zusammenarbeit mit den richtigen Fachleuten kann Ihre Fähigkeit zur effektiven Strukturierung erheblich verbessern. Ein kompetenter Kreditgeber kann Ihnen helfen, Programmanforderungen zu verstehen und die besten Darlehensoptionen zu identifizieren. Ein erfahrener Immobilienmakler kann geeignete Objekte finden und günstige Konditionen aushandeln. Gemeinsam bilden diese Fachleute ein Team, das Ihren Erfolg unterstützt.

Letztendlich geht es bei der Strukturierung Ihres ersten Airbnb-Deals darum, Übereinstimmung zu schaffen. Es geht darum sicherzustellen, dass Finanzierung, Immobilie und Strategie harmonisch zusammenarbeiten. Wenn diese Abstimmung gelingt, wird Ihr Deal nicht nur genehmigungsfähig, sondern auch profitabel.

Ihr erster Deal setzt den Ton für alles, was danach kommt. Indem Sie ihn richtig strukturieren, schaffen Sie ein Fundament für zukünftiges Wachstum, reduzieren Risiken und stärken Ihr Selbstvertrauen als Investor. Hier trifft Vorbereitung auf Umsetzung und hier beginnt Ihre Reise wirklich.

Einen Deal für Genehmigung und Rentabilität Strukturieren

Betrachten wir ein umfassendes Beispiel, das zeigt, wie eine gute Strukturierung einen grenzwertigen Deal in eine starke und genehmigungsfähige Investition verwandeln kann. Stellen Sie sich vor, Sie analysieren eine Immobilie in einem begehrten Airbnb-Markt mit einem Kaufpreis von 340.000 US-Dollar.

Zunächst planen Sie eine Anzahlung von 20 %, also 68.000 US-Dollar. Der Darlehensbetrag beträgt 272.000 US-Dollar. Bei einem Zinssatz von 7,25 % ergibt sich eine monatliche

Zahlung für Tilgung und Zinsen von etwa 1.860 US-Dollar. Hinzu kommen Grundsteuern von 300 US-Dollar pro Monat und Versicherungen von 170 US-Dollar pro Monat, wodurch sich die gesamten monatlichen Wohnkosten auf 2.330 US-Dollar belaufen.

Nun betrachten wir die Einnahmen. Basierend auf Vergleichsdaten erzielt die Immobilie einen durchschnittlichen Übernachtungspreis von 175 US-Dollar bei einer Auslastung von 65 %, was etwa 19,5 gebuchten Nächten pro Monat entspricht. Daraus ergibt sich ein monatliches Bruttoeinkommen von 3.412 US-Dollar. Nach Betriebskosten von 1.200 US-Dollar verbleibt ein Nettobetriebseinkommen von 2.212 US-Dollar.

Zu diesem Zeitpunkt liegt das Nettobetriebseinkommen von 2.212 US-Dollar leicht unter den monatlichen Kosten von 2.330 US-Dollar, was zu einem negativen Cashflow von 118 US-Dollar führt. Aus Sicht eines Kreditgebers könnte dies ebenfalls problematisch sein, da die Einnahmen die Schulden nicht ausreichend decken.

Nun wenden wir Strukturierungstechniken an. Zunächst verhandeln Sie den Kaufpreis auf 330.000 US-Dollar herunter. Dadurch reduziert sich Ihr Darlehensbetrag und Ihre monatliche Zahlung. Bei derselben Anzahlung von 20 %

beträgt das Darlehen nun 264.000 US-Dollar, und die monatliche Zahlung für Tilgung und Zinsen sinkt auf etwa 1.805 US-Dollar. Die gesamten monatlichen Kosten belaufen sich nun auf 2.275 US-Dollar.

Anschließend erhöhen Sie die Anzahlung leicht auf 22 %, wodurch sich der Darlehensbetrag auf 257.400 US-Dollar reduziert. Die monatliche Zahlung sinkt dadurch auf etwa 1.760 US-Dollar und die gesamten monatlichen Kosten auf 2.230 US-Dollar.

Nun liegt Ihr Nettobetriebseinkommen von 2.212 US-Dollar nahezu auf Höhe Ihrer Ausgaben, wodurch Sie sich dem Break-even-Punkt annähern. Um den Deal weiter zu verbessern, optimieren Sie Ihre Einkommensstrategie. Durch eine bessere Inseratsgestaltung und Preisstrategie erhöhen Sie den durchschnittlichen Übernachtungspreis auf 185 US-Dollar, während die Auslastung unverändert bleibt.

Bei 185 US-Dollar pro Nacht und 19,5 gebuchten Nächten pro Monat steigt Ihr Bruttoeinkommen auf 3.608 US-Dollar. Nach Betriebskosten von 1.200 US-Dollar ergibt sich ein Nettobetriebseinkommen von 2.408 US-Dollar. Dadurch entsteht ein positiver monatlicher Cashflow von 178 US-Dollar.

Betrachten wir nun Ihre Gesamtinvestition. Die Anzahlung beträgt ungefähr 72.600 US-Dollar, die Abschlusskosten 10.000 US-Dollar und die Einrichtungskosten 12.000 US-Dollar. Ihre Gesamtinvestition beläuft sich somit auf 94.600 US-Dollar.

Bei einem monatlichen Cashflow von 178 US-Dollar ergibt sich ein jährlicher Cashflow von 2.136 US-Dollar. Geteilt durch die Gesamtinvestition entspricht dies einer Cash-on-Cash-Rendite von ungefähr 2,25 %. Obwohl dies bescheiden erscheinen mag, ist der Deal nun stabil, genehmigungsfähig und bietet Potenzial für weitere Verbesserungen.

Mit der Zeit können Sie die Auslastung erhöhen, die Preise anheben oder Kosten reduzieren, wodurch sich Ihr Cashflow weiter verbessert. Zusätzlich tragen Wertsteigerungen und die Tilgung des Darlehens zu Ihrer Gesamtrendite bei.

Vergleichen Sie dies nun mit dem ursprünglichen, unstrukturierten Deal, der einen negativen Cashflow erzeugte und möglicherweise von einem Kreditgeber abgelehnt worden wäre. Durch strategische Anpassungen — Preisverhandlungen, Anpassung der Anzahlung und Optimierung der Einnahmen — haben Sie den Deal in eine tragfähige Investition verwandelt.

Dieses Beispiel verdeutlicht die Kraft einer guten Strukturierung. Kleine Veränderungen in mehreren Bereichen können einen erheblichen Einfluss auf das Gesamtergebnis haben. Anstatt sich auf einen einzelnen Faktor zu verlassen, passen Sie mehrere Variablen an, um eine optimale Abstimmung zu erreichen.

Denken Sie daran, dass jeder Deal durch durchdachte Strukturierung verbessert werden kann. Ihre Fähigkeit, diese Möglichkeiten zu erkennen und die richtigen Anpassungen vorzunehmen, unterscheidet erfolgreiche Investoren von denen, die Schwierigkeiten haben, überhaupt zu beginnen.

Ihr erster Airbnb-Deal besteht nicht nur darin, die richtige Immobilie zu finden. Es geht darum, die richtige Struktur zu schaffen. Wenn Sie diese Fähigkeit beherrschen, erhalten Sie die Möglichkeit, Chancen in erfolgreiche Investitionen zu verwandeln.

Kapitel 6

Vom Ersten Deal zum Wiederholbaren System – Dynamik nach Ihrem Ersten Airbnb-Kauf Aufbauen

Der Abschluss Ihres ersten Airbnb-Immobilienkaufs ist ein bedeutender Meilenstein, aber er ist nicht die Ziellinie – er ist der Ausgangspunkt. Was einmalige Investoren von denjenigen unterscheidet, die echte Portfolios aufbauen, ist das, was danach geschieht. Das Ziel dieses Kapitels besteht darin, Ihnen zu helfen, vom Abschluss Ihres ersten Deals zur Entwicklung eines wiederholbaren Systems überzugehen, das es Ihnen ermöglicht, Airbnb-Immobilien mit Beständigkeit und Selbstvertrauen zu erwerben, zu optimieren und zu skalieren.

Die meisten Anfänger konzentrieren sich intensiv darauf, ihren ersten Deal abzuschließen, denken jedoch nicht weit genug voraus, um zu überlegen, wie sie diesen Erfolg wiederholen können. Sie betrachten den ersten Kauf als ein einzelnes Ereignis und nicht als den Beginn eines Prozesses. Erfahrene Investoren verstehen jedoch, dass Erfolg in diesem Bereich auf dem Aufbau von Systemen basiert – strukturierten und wiederholbaren Handlungen, die immer wieder angewendet werden können.

Der erste Bestandteil eines wiederholbaren Systems ist die Dokumentation. Nachdem Sie Ihren ersten Deal abgeschlossen haben, sollten Sie sich die Zeit nehmen, jeden Schritt des Prozesses festzuhalten. Dazu gehört, wie Sie die Immobilie gefunden haben, wie Sie den Deal analysiert haben, welches Darlehensprogramm Sie verwendet haben, wie Sie die Finanzierung strukturiert haben und wie lange jeder Schritt gedauert hat. Diese Informationen werden zu Ihrem persönlichen Bauplan.

Durch die Dokumentation Ihres Prozesses eliminieren Sie das Rätselraten bei zukünftigen Deals. Anstatt jedes Mal von vorne zu beginnen, verfeinern Sie das, was bereits funktioniert. Dies erhöht Ihre Effizienz und reduziert Ihren Stress. Mit der Zeit wird Ihr System immer schlanker und effektiver, sodass Sie bei jeder neuen Akquisition schneller vorankommen.

Der nächste Bestandteil ist die Leistungsüberwachung. Sobald Ihre Immobilie in Betrieb ist, müssen Sie ihre Leistung konsequent verfolgen. Dazu gehören die Auslastungsrate, der durchschnittliche Tagespreis, der monatliche Umsatz, die Betriebskosten und der Netto-Cashflow. Diese Kennzahlen liefern wertvolle Einblicke in die Leistung Ihrer Immobilie und zeigen auf, wo Verbesserungen möglich sind.

Wenn Ihre Auslastung beispielsweise niedriger als erwartet ist, müssen Sie möglicherweise Ihre Preisstrategie anpassen oder Ihr Inserat verbessern. Wenn Ihre Ausgaben höher als geplant ausfallen, sollten Sie Ihre Abläufe optimieren. Durch die Überwachung dieser Kennzahlen verwandeln Sie Ihre Immobilie von einer passiven Investition in ein datenbasiertes Unternehmen.

Ein weiteres entscheidendes Element ist die Optimierung. Ihre erste Airbnb-Immobilie wird selten sofort ihr volles Potenzial erreichen. Es gibt immer Raum für Verbesserungen. Dazu können bessere Fotos, eine optimierte Beschreibung, eine angepasste Preisstrategie oder ein verbessertes Gästeerlebnis gehören. Kleine Veränderungen können im Laufe der Zeit zu erheblichen Umsatzsteigerungen führen.

Optimierung ist ein fortlaufender Prozess. Je mehr Daten und Erfahrungen Sie sammeln, desto gezielter können Sie Anpassungen vornehmen. Hier wird Ihre Investorendenkweise besonders wichtig. Anstatt emotional auf kurzfristige Schwankungen zu reagieren, konzentrieren Sie sich auf langfristige Leistung und kontinuierliche Verbesserung.

Sobald Ihre erste Immobilie stabil läuft und konstant Ergebnisse liefert, besteht der nächste Schritt darin, sich auf den zweiten Deal vorzubereiten. Hier geraten viele Investoren ins Stocken. Sie fühlen sich mit einer Immobilie wohl, sind aber unsicher, wenn es um die Expansion geht. Wenn Ihr erster Deal jedoch richtig strukturiert wurde, sollte er als Fundament für weiteres Wachstum dienen.

Einer der wichtigsten Faktoren für die Skalierung ist Ihre finanzielle Position. Nach dem Abschluss Ihres ersten Deals sollten Sie Ihr verbleibendes Kapital, Ihre Rücklagen und Ihre Kreditkapazität bewerten. Diese Faktoren bestimmen, wie schnell Sie in die nächste Immobilie investieren können. Wenn Sie eine Strategie mit geringer Anzahlung verwendet haben, verfügen Sie möglicherweise über mehr Kapital für den nächsten Kauf. Wenn Sie eine höhere Anzahlung geleistet haben, müssen Sie eventuell zusätzliche Ersparnisse aufbauen oder Refinanzierungsmöglichkeiten prüfen.

Die Refinanzierung ist eines der mächtigsten Werkzeuge für die Skalierung. Wenn Ihre Immobilie an Wert gewinnt und Ihr Darlehenssaldo sinkt, können Sie möglicherweise refinanzieren und Eigenkapital entnehmen. Dieses Kapital kann dann für weitere Käufe verwendet werden. Diese Strategie, die häufig als Eigenkapital-Recycling bezeichnet wird, ermöglicht es Ihnen, Ihr Portfolio auszubauen, ohne ausschließlich auf neue Ersparnisse angewiesen zu sein.

Ein weiterer wichtiger Faktor ist Ihre Finanzierungsstrategie. Wenn Sie für Ihren ersten Deal eine konventionelle Finanzierung genutzt haben, müssen Sie berücksichtigen, wie sich zusätzliche Immobilien auf Ihre Schuldenquote auswirken. Wenn Sie ein DSCR-Darlehen verwendet haben, verfügen Sie möglicherweise über mehr Flexibilität, zusätzliche Immobilien zu erwerben, ohne sich auf Ihr persönliches Einkommen verlassen zu müssen. Das Verständnis darüber, wie Ihre Finanzierungsstrategie Ihre Skalierbarkeit beeinflusst, ist entscheidend.

Neben der Finanzierung müssen Sie auch Ihre operative Kapazität berücksichtigen. Die Verwaltung einer einzelnen Airbnb-Immobilie ist für die meisten Anfänger gut machbar, doch mehrere Immobilien erfordern Systeme. Dazu gehören Reinigungspläne, Gästekommunikation, Wartungskoordination und Preismanagement. Mit zunehmender Größe Ihres Portfolios müssen Sie möglicherweise Automatisierungstools einsetzen oder Unterstützung einstellen, um effizient zu bleiben.

Ihr Team wird mit dem Wachstum Ihres Portfolios immer wichtiger. Dazu können Immobilienverwalter,

Reinigungskräfte, Wartungsdienstleister und virtuelle Assistenten gehören. Ein zuverlässiges Team ermöglicht es Ihnen, sich auf Akquisitionen und Strategie zu konzentrieren, während sichergestellt wird, dass Ihre Immobilien reibungslos betrieben werden.

Ein weiterer entscheidender Bestandteil der Skalierung ist der Deal-Flow. Um zusätzliche Immobilien zu erwerben, müssen Sie kontinuierlich neue Chancen identifizieren. Dies bedeutet, ein System zur Deal-Suche aufzubauen, sei es über Online-Plattformen, Immobilienmakler oder direkte Ansprache. Je konsistenter Ihr Deal-Flow ist, desto mehr Möglichkeiten haben Sie zu wachsen.

Ebenso wichtig ist es, bei der Expansion diszipliniert zu bleiben. Nicht jeder Deal ist ein guter Deal, und nach ersten Erfolgen kann die Versuchung groß sein, zu schnell zu handeln. Wenn Sie jedoch Ihre Kriterien beibehalten und sich auf solide Grundlagen konzentrieren, bleibt Ihr Portfolio stabil und profitabel.

Risikomanagement wird mit zunehmender Größe Ihres Portfolios noch wichtiger. Die Diversifizierung Ihrer Immobilien über verschiedene Standorte, Preisklassen oder Immobilientypen hinweg kann Ihre Anfälligkeit für Marktschwankungen reduzieren. Starke Rücklagen in Ihrem gesamten Portfolio bieten zusätzlichen Schutz vor unerwarteten Herausforderungen.

Ihre langfristige Vision sollte Ihre Entscheidungen leiten. Möchten Sie ein Portfolio mit fünf Immobilien aufbauen? Zehn? Oder noch mehr? Liegt Ihr Fokus auf Cashflow, Wertsteigerung oder einer Kombination aus beidem? Eine klare Vision ermöglicht es Ihnen, Ihre Handlungen mit Ihren Zielen in Einklang zu bringen.

Dynamik ist eine der stärksten Kräfte im Investieren. Sobald Sie Ihren ersten Deal abgeschlossen haben und erste Ergebnisse sehen, wächst Ihr Selbstvertrauen, Ihre Fähigkeiten verbessern sich und Ihre Möglichkeiten erweitern sich. Der Schlüssel besteht darin, diese Dynamik durch konsequentes und strategisches Handeln aufrechtzuerhalten.

Ihre erste Airbnb-Immobilie ist mehr als nur eine Investition – sie ist ein Katalysator. Sie verändert Ihre Perspektive, erweitert Ihre Erfahrung und öffnet die Tür zu zukünftigen Chancen. Indem Sie Ihren ersten Deal in ein wiederholbares System verwandeln, schaffen Sie einen Weg zu langfristigem Erfolg.

In diesem Kapitel geht es darum, den Fokus von einer einzelnen Transaktion auf einen skalierbaren Prozess zu verlagern. Es geht darum, etwas aufzubauen, das im Laufe der Zeit wächst und von Systemen, Daten und Strategie getragen wird. Wenn Sie Ihre Investitionen auf diese Weise betrachten, entwickeln Sie sich vom Anfänger zu einem echten Investor.

Von Einer Airbnb-Immobilie zu Einem Portfolio Skalieren

Betrachten wir ein detailliertes Beispiel dafür, wie ein Anfänger mithilfe eines wiederholbaren Systems von einer einzelnen Airbnb-Immobilie zu mehreren Immobilien gelangen kann. Stellen Sie sich vor, Sie haben Ihre erste Immobilie für 300.000 US-Dollar gekauft und eine Anzahlung von 15 % beziehungsweise 45.000 US-Dollar geleistet. Ihr Darlehensbetrag betrug 255.000 US-Dollar bei einem Zinssatz von 7 %, was zu einer monatlichen Zahlung von 1.700 US-Dollar für Tilgung und Zinsen führte.

Unter Berücksichtigung von Grundsteuern in Höhe von 280 US-Dollar pro Monat und Versicherungen von 150 US-Dollar pro Monat belaufen sich Ihre gesamten monatlichen Wohnkosten auf 2.130 US-Dollar. Nach Betriebskosten von 1.000 US-Dollar generiert die Immobilie ein Nettobetriebseinkommen von 2.500 US-Dollar pro Monat, was zu einem monatlichen Cashflow von 370 US-Dollar führt.

Im ersten Jahr entwickelt sich die Immobilie stabil. Ihr jährlicher Cashflow beträgt 4.440 US-Dollar. Zusätzlich steigt der Immobilienwert um 5 %, wodurch sich der Marktwert auf 315.000 US-Dollar erhöht. Gleichzeitig sinkt Ihr Darlehenssaldo durch Tilgungszahlungen auf etwa 250.000 US-Dollar.

Zu diesem Zeitpunkt verfügen Sie über ein Eigenkapital von 65.000 US-Dollar in der Immobilie, da der Wert 315.000 US-Dollar beträgt und der Darlehenssaldo 250.000 US-Dollar. Viele Kreditgeber erlauben Refinanzierungen bis zu 75 % des Immobilienwertes. Fünfundsiebzig Prozent von 315.000 US-Dollar entsprechen 236.250 US-Dollar. Da Ihr aktueller Darlehenssaldo bei 250.000 US-Dollar liegt, können Sie noch kein nennenswertes Eigenkapital entnehmen. Mit weiterer Wertsteigerung wird dies jedoch zunehmend realistisch.

Betrachten wir nun Ihre Ersparnisse. Zusätzlich zu Ihrer ursprünglichen Investition haben Sie im Laufe des Jahres weitere 30.000 US-Dollar gespart. Zusammen mit Ihren vorhandenen Rücklagen verfügen Sie nun über ungefähr 40.000 US-Dollar, die für den nächsten Deal eingesetzt werden können.

Sie identifizieren eine zweite Immobilie mit einem Kaufpreis von 280.000 US-Dollar. Mit einer Anzahlung von 20 %

investieren Sie 56.000 US-Dollar. Sie nutzen Ihre Ersparnisse und einen Teil Ihrer Rücklagen, um den Kauf abzuschließen. Der Darlehensbetrag beträgt 224.000 US-Dollar bei einem Zinssatz von 7,25 %, was zu einer monatlichen Zahlung von etwa 1.530 US-Dollar für Tilgung und Zinsen führt.

Unter Hinzurechnung von Grundsteuern und Versicherungen in Höhe von insgesamt 400 US-Dollar pro Monat betragen Ihre monatlichen Gesamtkosten 1.930 US-Dollar. Die Immobilie generiert ein Nettobetriebseinkommen von 2.300 US-Dollar pro Monat, wodurch sich erneut ein Cashflow von 370 US-Dollar ergibt.

Nun besitzen Sie zwei Immobilien, die zusammen einen monatlichen Cashflow von 740 US-Dollar beziehungsweise 8.880 US-Dollar pro Jahr generieren. Gleichzeitig wächst Ihr Eigenkapital in beiden Immobilien kontinuierlich durch Wertsteigerung und Darlehenstilgung.

Wenn Sie diesen Prozess fortsetzen, beginnt Ihr Portfolio zu wachsen und sich selbst zu verstärken. Jede Immobilie erzeugt Cashflow, der in zukünftige Deals reinvestiert werden kann. Jede Immobilie baut außerdem Eigenkapital auf, das durch Refinanzierungen zugänglich gemacht werden kann.

Nach mehreren Jahren könnten Sie mehrere Immobilien besitzen, die alle Einkommen generieren und zu Ihrem finanziellen Wachstum beitragen. Was mit einem einzigen Deal begonnen hat, hat sich zu einem skalierbaren System entwickelt.

Betrachten Sie nun, wie kleine Verbesserungen Ihre Ergebnisse beeinflussen können. Wenn Sie Ihren durchschnittlichen Übernachtungspreis um nur 10 US-Dollar erhöhen oder Ihre Auslastung um einige Prozentpunkte verbessern, steigen die Einnahmen aller Immobilien gleichzeitig. Diese schrittweisen Verbesserungen vervielfachen sich mit dem Wachstum Ihres Portfolios.

Dieses Beispiel verdeutlicht die Kraft von Beständigkeit und Struktur. Indem Sie einen bewährten Prozess immer wieder anwenden, können Sie ein Portfolio aufbauen, das im Laufe der Zeit steigende Einnahmen generiert. Der Schlüssel liegt nicht darin, einen außergewöhnlichen Deal zu finden, sondern eine solide Strategie konsequent umzusetzen.

Ihre erste Airbnb-Immobilie ist das Fundament. Was Sie darauf aufbauen, hängt von Ihrer Fähigkeit ab, ein System zu entwickeln und konsequent zu befolgen. Wenn Sie dies erfolgreich umsetzen, verwandeln Sie eine einzelne Investition in ein nachhaltiges und wachsendes Unternehmen.

Der Weg von einer Immobilie zu mehreren Immobilien basiert nicht auf Glück. Er basiert auf Strategie, Disziplin und Umsetzung. Mit dem richtigen Ansatz wird Ihr erster Deal zum Ausgangspunkt von etwas deutlich Größerem.

Kapitel 7

Anfängerfehler Vermeiden, die Ihren Ersten Airbnb-Deal Zerstören Können

Während Sie sich dem Abschluss Ihres ersten Airbnb-Deals nähern, gibt es noch einen letzten und entscheidenden Bereich, den Sie beherrschen müssen – die Vermeidung häufiger Fehler, die die meisten Anfänger scheitern lassen. Inzwischen verstehen Sie Finanzierung, Darlehensstrategien, Optionen mit geringer Anzahlung, die Strukturierung von Deals und den Aufbau eines wiederholbaren Systems. Doch selbst mit all diesem Wissen kann ein einzelner Fehler im falschen Moment Ihren Fortschritt verzögern, Sie Geld kosten oder sogar verhindern, dass Ihr Deal überhaupt abgeschlossen wird.

Der Zweck dieses Kapitels besteht darin, Sie auf diese Fallstricke vorzubereiten, bevor sie auftreten. Die erfolgreichsten Investoren sind nicht diejenigen, die niemals Fehler machen, sondern diejenigen, die Fehler vorhersehen und die kostspieligsten vermeiden. Ihr Ziel als Anfänger besteht nicht darin, perfekt zu sein, sondern aufmerksam, vorbereitet und strategisch zu handeln.

Einer der häufigsten Fehler von Anfängern ist die Überschätzung der Einnahmen. Es ist leicht, Airbnb-Inserate zu betrachten und davon auszugehen, dass die eigene Immobilie auf höchstem Niveau performen wird. Man sieht Top-Objekte mit hohen Übernachtungspreisen und starker Auslastung und erwartet ähnliche Ergebnisse. Diese Inserate repräsentieren jedoch häufig optimierte Immobilien mit professionellem Management, ausgezeichneten Bewertungen und einer starken Marktpositionierung.

Wenn Sie Ihre Prognosen auf Best-Case-Szenarien stützen, halten Ihre Zahlen möglicherweise weder dem Underwriting-Prozess noch der Realität stand. Kreditgeber verwenden in der Regel konservative Schätzungen, und wenn Ihre Prognosen zu aggressiv sind, könnte Ihr Deal nicht genehmigt werden. Selbst wenn der Abschluss erfolgt, können unrealistische Erwartungen zu Enttäuschungen und finanziellen Belastungen führen.

Die Lösung besteht darin, realistische und datenbasierte Annahmen zu verwenden. Betrachten Sie durchschnittliche Ergebnisse statt Spitzenleistungen. Berücksichtigen Sie Saisonalität, Wettbewerb und Markttrends. Wenn Sie Ihre Analyse auf realen Daten aufbauen, schaffen Sie einen Deal, der stabiler ist und eine deutlich höhere Erfolgschance besitzt.

Ein weiterer großer Fehler besteht darin, die Ausgaben zu unterschätzen. Viele Anfänger konzentrieren sich stark auf die Einnahmen, berücksichtigen jedoch nicht alle Betriebskosten. Reinigung, Nebenkosten, Wartung, Verbrauchsmaterialien, Plattformgebühren und gelegentliche Reparaturen wirken sich direkt auf Ihr Endergebnis aus. Wenn diese Kosten unterschätzt werden, kann Ihr prognostizierter Cashflow vollständig verschwinden.

Ein gut strukturierter Deal enthält eine klare und konservative Schätzung aller Ausgaben. Er beinhaltet außerdem einen Puffer für unerwartete Kosten. Dieser Ansatz stellt sicher, dass Ihre Immobilie auch dann nachhaltig bleibt, wenn die Bedingungen nicht ideal sind.

Finanzierungsfehler sind ein weiteres häufiges Problem. Einige Anfänger beantragen Darlehen, ohne die Anforderungen vollständig zu verstehen, was zu Ablehnungen oder Verzögerungen führt. Andere wählen Darlehensprogramme, die nicht zu ihren Zielen passen, wodurch höhere Kosten oder eingeschränkte Skalierbarkeit entstehen.

Die Nutzung eines konventionellen Darlehens ohne Berücksichtigung zukünftiger Immobiliengrenzen kann beispielsweise Ihre Expansion einschränken. Ebenso kann die

Wahl eines Darlehens mit höherem Zinssatz, ohne dessen Auswirkungen auf den Cashflow zu verstehen, Ihre Rentabilität reduzieren. Der Schlüssel besteht darin, Ihre Finanzierungsstrategie sowohl mit Ihrem aktuellen Deal als auch mit Ihrem langfristigen Plan abzustimmen.

Ein weiterer kritischer Fehler besteht darin, sich finanziell nicht ausreichend vorzubereiten. Selbst wenn Sie genügend Geld für die Anzahlung besitzen, müssen Sie auch Abschlusskosten, Rücklagen und Einrichtungskosten berücksichtigen. Ein Deal mit minimalen Rücklagen erhöht Ihr Risiko und kann sogar Ihre Darlehensgenehmigung beeinträchtigen.

Kreditgeber möchten sehen, dass Sie finanzielle Schwankungen bewältigen können. Aus Ihrer Sicht bieten Rücklagen Sicherheit und innere Ruhe. Ausreichende Rücklagen ermöglichen es Ihnen, schwächere Phasen, unerwartete Reparaturen oder vorübergehende Einkommensrückgänge ohne Stress zu überstehen.

Auch die Auswahl der Immobilie ist ein Bereich, in dem Anfänger häufig Fehler machen. Eine Immobilie allein aufgrund ihres Aussehens oder persönlicher Vorlieben auszuwählen, kann zu schwachen finanziellen Ergebnissen führen. Eine attraktive Immobilie generiert nicht zwangsläufig hohe Einnahmen, während eine weniger ansprechende Immobilie in einer besseren Lage deutlich erfolgreicher sein kann.

Ihr Fokus sollte immer auf der Leistung liegen. Lage, Nachfrage und Einkommenspotenzial sind wesentlich wichtiger als Ästhetik. Während die Präsentation eines Airbnb-Inserats im Laufe der Zeit verbessert werden kann, lassen sich Lage und Marktnachfrage nicht verändern.

Ein weiterer Fehler besteht darin, lokale Vorschriften zu ignorieren. Die Regeln für Kurzzeitvermietungen unterscheiden sich je nach Standort erheblich. Wer diese Regeln nicht versteht, kann auf erhebliche Probleme stoßen. Einige Regionen haben Einschränkungen für Airbnb-Betriebe, Lizenzanforderungen oder Begrenzungen der Vermietungstätigkeit. Der Kauf einer Immobilie ohne Überprüfung dieser Details kann zu geringeren Einnahmen oder sogar dazu führen, dass die Immobilie überhaupt nicht betrieben werden darf.

Sorgfaltspflicht ist unerlässlich. Vor dem Kauf müssen Sie bestätigen, dass sich die Immobilie in einem Gebiet befindet, das Kurzzeitvermietungen erlaubt, und dass Sie alle Anforderungen erfüllen können. Dieser Schritt ist nicht verhandelbar.

Auch Timing-Fehler können Ihren Deal beeinträchtigen. Verzögerungen bei der Einreichung von Dokumenten, der Sicherung eines Zinssatzes oder der Durchführung von Inspektionen können zu Komplikationen führen. Immobiliengeschäfte bestehen aus vielen beweglichen Teilen, weshalb Organisation von entscheidender Bedeutung ist.

Die Zusammenarbeit mit erfahrenen Fachleuten kann diese Risiken erheblich reduzieren. Ein kompetenter Kreditgeber, ein zuverlässiger Immobilienmakler und ein reaktionsschnelles Team können Sie durch den Prozess führen und Ihnen helfen, häufige Fehler zu vermeiden.

Ein weiteres häufiges Problem ist emotionales Handeln. Es ist leicht, sich in eine Immobilie zu verlieben oder aus Begeisterung beziehungsweise Angst, eine Gelegenheit zu verpassen, überstürzt zu handeln. Emotionale Entscheidungen führen jedoch oft zu schlechten Ergebnissen. Ihre Entscheidungen sollten immer auf Zahlen, Strategie und der Übereinstimmung mit Ihren Zielen basieren.

Disziplin gehört zu den wichtigsten Eigenschaften eines Investors. Das bedeutet, an Ihren Kriterien festzuhalten, selbst wenn es verlockend erscheint, Ausnahmen zu machen. Es bedeutet, Deals abzulehnen, die Ihre Standards nicht erfüllen.

Es bedeutet, langfristigen Erfolg über kurzfristige Begeisterung zu stellen.

Ein weiterer Fehler besteht darin, die operative Seite Ihrer Airbnb-Immobilie nicht zu planen. Der Abschluss des Kaufs ist nur der Anfang. Sie müssen bereit sein, Buchungen zu verwalten, mit Gästen zu kommunizieren, Reinigung und Wartung zu organisieren und hohe Standards aufrechtzuerhalten. Ohne entsprechende Planung kann Ihre Immobilie Schwierigkeiten haben, erfolgreich zu sein.

Die Entwicklung operativer Systeme ist entscheidend. Dazu können Automatisierungstools, Reinigungsteams oder die Zusammenarbeit mit einem Immobilienverwalter gehören. Das Ziel besteht darin, sicherzustellen, dass Ihre Immobilie effizient und konstant betrieben wird.

Schließlich ist einer der größten Fehler, überhaupt nicht zu handeln. Manche Anfänger verbringen Monate oder sogar Jahre damit, zu lernen, zu analysieren und sich vorzubereiten, ohne jemals voranzukommen. Bildung ist wichtig, doch Ergebnisse entstehen durch Handeln. Ihr erster Deal ist der Moment, in dem Theorie zur Realität wird.

Das Ziel besteht darin, mit Vorbereitung statt mit Perfektion voranzugehen. Sie werden mehr aus dem Abschluss eines einzigen Deals lernen als aus der Analyse von Dutzenden Deals, die niemals umgesetzt werden. Jeder Schritt, den Sie machen, erweitert Ihre Erfahrung und stärkt Ihr Selbstvertrauen.

Indem Sie diese häufigen Fehler vermeiden, erhöhen Sie Ihre Erfolgschancen erheblich. Sie schaffen einen Deal, der nicht nur genehmigungsfähig, sondern auch nachhaltig und profitabel ist. Sie positionieren sich so, dass Sie mit Klarheit und Selbstvertrauen voranschreiten können.

Ihr erster Airbnb-Deal ist ein entscheidender Meilenstein. Wenn Sie ihn mit Bewusstsein und Disziplin angehen, können Sie die Fallstricke vermeiden, die andere zurückhalten, und eine starke Grundlage für Ihre Zukunft schaffen.

Wie Fehler Ihren Ersten Airbnb-Deal Beeinflussen Können

Betrachten wir ein Beispiel, das zeigt, wie häufige Fehler das Ergebnis Ihrer ersten Airbnb-Investition beeinflussen können. Stellen Sie sich vor, Sie kaufen eine Immobilie für 310.000 US-Dollar mit einer Anzahlung von 20 %, also 62.000 US-Dollar. Ihr Darlehensbetrag beträgt 248.000 US-Dollar bei einem Zinssatz von 7,25 %, was zu einer monatlichen Zahlung für Tilgung und Zinsen von etwa 1.700 US-Dollar führt. Hinzu kommen Grundsteuern von 270 US-Dollar pro Monat und

Versicherungen von 150 US-Dollar pro Monat, wodurch sich Ihre gesamten monatlichen Wohnkosten auf 2.120 US-Dollar belaufen.

Zunächst schätzen Sie die monatlichen Einnahmen auf 3.600 US-Dollar, basierend auf besonders erfolgreichen Inseraten in der Region. Sie kalkulieren Betriebskosten von 900 US-Dollar pro Monat, wodurch ein prognostiziertes Nettobetriebseinkommen von 2.700 US-Dollar entsteht. Auf dieser Grundlage erwarten Sie einen monatlichen Cashflow von 580 US-Dollar. Auf den ersten Blick scheint dies ein hervorragender Deal zu sein.

Diese Prognose basiert jedoch auf optimistischen Annahmen. Wenn Sie die durchschnittliche Marktleistung anstelle der besten Inserate analysieren, stellen Sie fest, dass die realistische durchschnittliche Monatseinnahme eher bei 3.100 US-Dollar liegt. Darüber hinaus betragen Ihre tatsächlichen Betriebskosten, einschließlich Reinigung, Nebenkosten, Wartung und Plattformgebühren, etwa 1.200 US-Dollar pro Monat.

Mit diesen Anpassungen sinkt Ihr Nettobetriebseinkommen auf 1.900 US-Dollar. Verglichen mit Ihren monatlichen Wohnkosten von 2.120 US-Dollar ergibt sich nun ein negativer Cashflow von 220 US-Dollar pro Monat.

Dieser Wechsel von positivem zu negativem Cashflow ist die direkte Folge einer Überschätzung der Einnahmen und einer Unterschätzung der Ausgaben. Betrachten wir nun die Auswirkungen auf Ihre Gesamtinvestition.

Ihre Gesamtinvestition umfasst die Anzahlung von 62.000 US-Dollar, Abschlusskosten von 10.000 US-Dollar sowie Einrichtungskosten von 12.000 US-Dollar. Insgesamt investieren Sie somit 84.000 US-Dollar. Statt Einnahmen zu erzielen, kostet Sie die Immobilie nun 2.640 US-Dollar pro Jahr.

Nun korrigieren wir diese Fehler durch eine bessere Strukturierung. Sie verhandeln den Kaufpreis auf 300.000 US-Dollar herunter, wodurch sich Ihr Darlehensbetrag und Ihre monatliche Zahlung reduzieren. Gleichzeitig optimieren Sie Ihre Einnahmestrategie durch ein besseres Inserat und eine verbesserte Preisgestaltung, wodurch Ihre durchschnittlichen Monatseinnahmen auf 3.300 US-Dollar steigen.

Bei Betriebskosten von 1.200 US-Dollar ergibt sich nun ein Nettobetriebseinkommen von 2.100 US-Dollar. Ihre gesamten monatlichen Kosten betragen jetzt ungefähr 2.050 US-Dollar, wodurch ein positiver Cashflow von 50 US-Dollar pro Monat entsteht.

Auch wenn dieser Betrag bescheiden erscheint, ist er stabil und nachhaltig. Mit der Zeit können Sie die Leistung verbessern und Ihre Renditen steigern. Noch wichtiger ist jedoch, dass Sie eine Situation mit negativem Cashflow vermieden haben.

Betrachten wir die langfristigen Auswirkungen. Ein kleiner positiver Cashflow in Kombination mit Wertsteigerung und Darlehenstilgung schafft eine solide Grundlage für Wachstum. Ein negativer Cashflow hingegen kann finanziellen Druck erzeugen und Ihre Fähigkeit einschränken, weitere Investitionen zu tätigen.

Dieses Beispiel verdeutlicht, wie kleine Fehler bei den Annahmen erhebliche Auswirkungen auf Ihre Ergebnisse haben können. Gleichzeitig zeigt es, wie strategische Anpassungen diese Probleme beheben und einen tragfähigen Deal schaffen können.

Die wichtigste Erkenntnis lautet, dass Erfolg nicht darin besteht, alle Fehler zu vermeiden, sondern darin, sie frühzeitig zu erkennen und zu korrigieren. Durch realistische Annahmen, genaue Kostenschätzungen und eine durchdachte Strukturierung können Sie einen Deal schaffen, der funktioniert.

Ihre erste Airbnb-Investition ist eine Lernerfahrung. Wenn Sie sie mit Bewusstsein und Disziplin angehen, können Sie die häufigsten Fallstricke vermeiden und eine starke Grundlage für zukünftigen Erfolg schaffen.

Kapitel 8

Ihre Erste Airbnb-Einkommensmaschine Aufbauen – Vom Abschluss bis zum Konstanten Cashflow

Das Erreichen des Abschlusstermins für Ihre erste Airbnb-Immobilie ist ein bedeutender Moment. Es steht für Engagement, Umsetzung und den Übergang von der Theorie zum tatsächlichen Eigentum. Doch was unmittelbar nach dem Abschluss geschieht, ist genauso wichtig – wenn nicht sogar wichtiger – als alles, was zuvor passiert ist. In dieser Phase entscheidet sich, ob Ihre Investition zu einer echten einkommensproduzierenden Anlage wird oder hinter ihrem Potenzial zurückbleibt. Der Unterschied liegt darin, wie Sie Ihre Immobilie in eine konstante und optimierte Einkommensmaschine verwandeln.

Viele Anfänger gehen davon aus, dass nach dem Kauf und der Veröffentlichung der Immobilie auf Airbnb die Einnahmen automatisch fließen werden. Das mag in einigen Fällen zutreffen, doch sich auf diese Annahme zu verlassen, ist ein

Fehler. Die erfolgreichsten Airbnb-Investoren behandeln ihre Immobilie vom ersten Tag an wie ein Unternehmen. Sie verstehen, dass Leistung nicht zufällig entsteht – sie wird geplant, optimiert und kontinuierlich verbessert.

Die erste Phase nach dem Abschluss ist die Einrichtung. Hier bereiten Sie die Immobilie auf Gäste vor und positionieren sie so, dass sie effektiv mit anderen Angeboten konkurrieren kann. Dazu gehören Möblierung, Design, Fotografie, Inseratserstellung und die Planung der Betriebsabläufe. Jedes dieser Elemente hat einen direkten Einfluss auf die Leistung Ihrer Immobilie.

Die Möblierung bedeutet mehr, als lediglich Möbel in den Räumen zu platzieren. Es geht darum, eine Umgebung zu schaffen, die Gäste anzieht, ihre Erwartungen erfüllt und Ihren Übernachtungspreis rechtfertigt. Ihr Ziel sollte es sein, einen Raum zu gestalten, der auf Fotos hervorsticht und gleichzeitig funktional sowie langlebig bleibt. Zu hohe Investitionen in unnötigen Luxus können Ihre Rendite schmälern, während zu geringe Investitionen Ihre Fähigkeit einschränken können, höhere Preise zu verlangen. Das richtige Gleichgewicht ist entscheidend.

Das Design ist eng mit der Möblierung verbunden. Ein gut gestalteter Raum kann Ihre Buchungsrate und Ihre

Preisgestaltungskraft erheblich steigern. Dies erfordert nicht zwangsläufig teure Materialien, sondern durchdachte Entscheidungen. Saubere, moderne und stimmige Designs erzielen in den meisten Märkten gute Ergebnisse. Das Ziel besteht darin, einen Raum zu schaffen, der eine breite Zielgruppe anspricht und gleichzeitig eine eigene Identität besitzt.

Die Fotografie ist einer der wichtigsten Bestandteile der Einrichtung. Ihre Inseratsfotos sind oft der erste Eindruck, den potenzielle Gäste von Ihrer Immobilie erhalten. Hochwertige Bilder können die Klickrate und die Anzahl der Buchungen erheblich steigern. Hier sollten Sie keine Kompromisse eingehen. Professionelle Fotografie gehört zu den Investitionen mit der höchsten Rendite.

Sobald Ihre Immobilie eingerichtet und fotografiert wurde, folgt die Erstellung des Inserats. Ihr Inserat ist Ihre Verkaufsseite. Es muss den Wert Ihrer Immobilie klar kommunizieren, ihre wichtigsten Merkmale hervorheben und potenzielle Bedenken der Gäste ausräumen. Titel, Beschreibung und Ausstattung spielen alle eine wichtige Rolle dabei, Gäste anzuziehen.

Eine weitere entscheidende Komponente ist die Preisstrategie. Viele Anfänger legen ihre Preise anhand von Vermutungen oder durch das Kopieren einiger Konkurrenzangebote fest. Eine effektive Preisstrategie erfordert jedoch einen strukturierteren Ansatz. Faktoren wie Saisonalität, Nachfrage, Wettbewerb und Auslastungsziele müssen berücksichtigt werden. Dynamische Preisgestaltungstools können diesen Prozess automatisieren und dabei helfen, Preise an die aktuellen Marktbedingungen anzupassen.

Ihre anfängliche Preisstrategie sollte sich auf Auslastung und Bewertungen konzentrieren. In der Anfangsphase ist der Aufbau einer soliden Bewertungsbasis entscheidend. Dies kann bedeuten, zunächst etwas niedrigere Preise anzusetzen, um Buchungen und positive Bewertungen zu generieren. Sobald Ihre Immobilie an Bekanntheit gewinnt, können Sie die Preise schrittweise erhöhen.

Die Betriebsabläufe bilden das Rückgrat Ihres Airbnb-Geschäfts. Dazu gehören Reinigung, Gästekommunikation, Wartung und Terminplanung. Ein reibungsloser Ablauf sorgt für positive Gästeerlebnisse, was wiederum zu besseren Bewertungen und wiederkehrenden Buchungen führt.

Besonders wichtig ist die Kommunikation mit Gästen. Schnelle, klare und professionelle Kommunikation verbessert das Gästeerlebnis und verhindert Probleme. Automatisierte

Nachrichtensysteme können diesen Prozess vereinfachen und sicherstellen, dass Gäste rechtzeitig Informationen erhalten, ohne dass Sie ständig manuell eingreifen müssen.

Reinigung und Wartung müssen konsequent und zuverlässig durchgeführt werden. Eine einzige negative Erfahrung kann Ihre Bewertungen und zukünftigen Buchungen beeinträchtigen. Ein verlässliches Reinigungssystem und regelmäßige Wartungskontrollen stellen sicher, dass Ihre Immobilie stets in bestem Zustand bleibt.

Sobald Ihre Immobilie operativ läuft, verlagert sich der Fokus auf die Leistungsoptimierung. In dieser Phase analysieren Sie Daten und nehmen Anpassungen vor, um Ihre Ergebnisse zu verbessern. Zu den wichtigsten Kennzahlen gehören Auslastungsrate, durchschnittlicher Übernachtungspreis, Umsatz pro verfügbarer Nacht und Gästezufriedenheit.

Wenn Ihre Auslastung beispielsweise niedriger als erwartet ist, müssen Sie möglicherweise Ihre Preise anpassen, Ihr Inserat verbessern oder bessere Fotos verwenden. Wenn Bewertungen wiederkehrende Probleme aufzeigen, können Sie diese gezielt beheben. Optimierung ist ein fortlaufender Prozess, der es Ihnen ermöglicht, das Potenzial Ihrer Immobilie vollständig auszuschöpfen.

Ein weiterer wichtiger Bestandteil einer Einkommensmaschine ist Beständigkeit. Ihr Ziel sollte nicht sein, gelegentlich außergewöhnlich gute Monate zu erzielen, sondern einen stabilen und vorhersehbaren Einkommensstrom aufzubauen. Dies erfordert hohe Standards, kontinuierliche Leistungsüberwachung und regelmäßige Anpassungen.

Wenn sich Ihre Immobilie stabilisiert, beginnen Sie Muster in Ihren Daten zu erkennen. Sie erfahren, welche Monate besonders stark sind, welche Preisstrategien am besten funktionieren und wie Ihre Immobilie im Vergleich zum Wettbewerb abschneidet. Dieses Wissen wird zu einem wertvollen Vermögenswert, wenn Sie über weitere Investitionen nachdenken.

Ihre erste Immobilie dient gleichzeitig als Testumgebung. Sie ermöglicht es Ihnen, verschiedene Strategien auszuprobieren, herauszufinden, was funktioniert, und Ihren Ansatz zu verfeinern. Diese Erkenntnisse können anschließend auf zukünftige Immobilien übertragen werden, wodurch ein effizienteres und skalierbareres System entsteht.

Ein weiterer entscheidender Faktor für langfristigen Erfolg ist die Reinvestition. Die Einnahmen Ihrer Immobilie können genutzt werden, um die Immobilie zu verbessern, Rücklagen aufzubauen oder weitere Investitionen zu finanzieren. Strategische Reinvestitionen ermöglichen es Ihnen, Ihr Portfolio auszubauen und Ihr Gesamteinkommen zu steigern.

Ebenso wichtig ist eine langfristige Perspektive. Kurzfristige Schwankungen in der Leistung sind normal. Die Auslastung kann variieren, Ausgaben können steigen und Marktbedingungen können sich verändern. Entscheidend ist, sich auf langfristige Trends und nicht auf kurzfristige Schwankungen zu konzentrieren.

Ihre Denkweise spielt in dieser Phase eine entscheidende Rolle. Eine Immobilie wie ein Unternehmen zu behandeln, erfordert Disziplin, Beständigkeit und Aufmerksamkeit für Details. Es erfordert auch die Bereitschaft, sich anzupassen und zu verbessern. Die erfolgreichsten Investoren sind diejenigen, die ihren Ansatz kontinuierlich verfeinern.

Letztendlich wird Ihre erste Airbnb-Immobilie dann zu einer Einkommensmaschine, wenn alle Komponenten zusammenarbeiten – Finanzierung, Einrichtung, Betrieb und Optimierung. Jedes Element unterstützt die anderen und schafft ein System, das konstante Ergebnisse liefert.

Dieses Kapitel stellt den letzten Schritt Ihrer Anfängerreise dar. Sie haben sich von der Theorie über die Umsetzung eines

Deals bis hin zum Betrieb eines Unternehmens entwickelt. Genau dieser Übergang macht aus einem Anfänger einen aktiven Investor.

Ihre erste Immobilie ist nicht einfach nur ein Vermögenswert. Sie ist eine Plattform für Wachstum. Sie liefert Einkommen, Erfahrung und Möglichkeiten zur Expansion. Indem Sie sie effektiv verwalten, schaffen Sie die Grundlage für zukünftigen Erfolg.

Ihre Erste Airbnb-Immobilie in Eine Konstante Einkommensmaschine Verwandeln

Betrachten wir ein detailliertes Beispiel dafür, wie ein Anfänger eine neu erworbene Immobilie in eine konstante Einnahmequelle verwandeln kann. Stellen Sie sich vor, Sie kaufen eine Immobilie für 315.000 US-Dollar mit einer Anzahlung von 15 %, also 47.250 US-Dollar. Ihr Darlehensbetrag beträgt 267.750 US-Dollar bei einem Zinssatz von 7 %, was zu einer monatlichen Zahlung für Tilgung und Zinsen von etwa 1.780 US-Dollar führt.

Unter Berücksichtigung von Grundsteuern in Höhe von 290 US-Dollar pro Monat und Versicherungen von 160 US-Dollar pro Monat betragen Ihre gesamten monatlichen Wohnkosten 2.230 US-Dollar. Nach dem Kauf investieren Sie zusätzlich

12.000 US-Dollar in die Möblierung und 1.500 US-Dollar in professionelle Fotografie und die Einrichtung des Inserats. Ihre Gesamtinvestition beläuft sich somit auf etwa 60.750 US-Dollar.

Im ersten Monat setzen Sie Ihren durchschnittlichen Übernachtungspreis auf 150 US-Dollar fest, um Buchungen zu gewinnen und Bewertungen aufzubauen. Ihre Auslastung beträgt 60 %, was 18 gebuchten Nächten entspricht. Dadurch erzielen Sie ein monatliches Bruttoeinkommen von 2.700 US-Dollar. Nach Betriebskosten von 1.100 US-Dollar verbleibt ein Nettobetriebseinkommen von 1.600 US-Dollar, was zu einem negativen Cashflow von 630 US-Dollar führt.

In dieser Phase könnten viele Anfänger entmutigt sein. Doch dies ist ein normaler Teil der Anlaufphase. Ihr Fokus liegt darauf, Bewertungen aufzubauen und Ihr Inserat zu etablieren.

Bis zum dritten Monat hat Ihre Immobilie bereits positive Bewertungen gesammelt, sodass Sie Ihren durchschnittlichen Übernachtungspreis auf 170 US-Dollar erhöhen können. Gleichzeitig steigt Ihre Auslastung auf 70 %, was 21 gebuchten Nächten entspricht. Dadurch erzielen Sie ein monatliches Bruttoeinkommen von 3.570 US-Dollar. Nach Betriebskosten von 1.100 US-Dollar verbleibt ein Nettobetriebseinkommen von 2.470 US-Dollar, wodurch ein positiver Cashflow von 240 US-Dollar entsteht.

Bis zum sechsten Monat optimieren Sie weiterhin Ihr Inserat und Ihre Preisstrategie. Ihr durchschnittlicher Übernachtungspreis steigt auf 180 US-Dollar, während sich die Auslastung bei 72 % stabilisiert. Dies entspricht etwa 21,6 gebuchten Nächten pro Monat. Ihr monatliches Bruttoeinkommen steigt auf 3.888 US-Dollar. Nach Betriebskosten von 1.150 US-Dollar verbleibt ein Nettobetriebseinkommen von 2.738 US-Dollar, wodurch sich ein Cashflow von 508 US-Dollar ergibt.

Betrachten wir nun die Jahresleistung. In den ersten Monaten sind die Einnahmen geringer, da Sie zunächst Dynamik aufbauen müssen. Mit der Zeit verbessert sich die Leistung, und Ihr durchschnittlicher monatlicher Cashflow stabilisiert sich. Am Ende des Jahres beträgt Ihr durchschnittlicher monatlicher Cashflow ungefähr 350 US-Dollar, was einem jährlichen Cashflow von 4.200 US-Dollar entspricht.

Nun betrachten wir die langfristigen Auswirkungen. Ihre Immobilie kann an Wert gewinnen und dadurch Ihr Eigenkapital erhöhen. Gleichzeitig sinkt Ihr Darlehenssaldo mit jeder Zahlung, wodurch Ihr Nettovermögen weiter wächst.

Auch Ihre Einnahmen können mit der Zeit steigen, wenn Sie Ihre Strategie weiter optimieren.

Zusätzlich ermöglicht Ihnen die Erfahrung aus dem Betrieb dieser Immobilie, denselben Prozess bei zukünftigen Immobilien zu wiederholen. Jede neue Immobilie profitiert von den Kenntnissen und Systemen, die Sie bereits entwickelt haben.

Betrachten wir nun, wie kleine Verbesserungen Ihre Ergebnisse beeinflussen. Eine Erhöhung Ihres durchschnittlichen Übernachtungspreises um lediglich 10 US-Dollar erhöht Ihren Umsatz bei einer Auslastung von 72 % um ungefähr 216 US-Dollar pro Monat. Eine Verbesserung der Auslastung um nur 5 % erzeugt zusätzliches Einkommen. Diese schrittweisen Verbesserungen summieren sich im Laufe der Zeit.

Ihre ursprüngliche Investition von 60.750 US-Dollar erzeugt nun konstante Einnahmen und baut langfristig Vermögen auf. Noch wichtiger ist jedoch, dass sie die Grundlage für zukünftiges Wachstum schafft.

Dieses Beispiel zeigt, dass Erfolg nicht sofort entsteht, sondern sich im Laufe der Zeit entwickelt. Ihre erste Immobilie durchläuft eine Anlaufphase, gefolgt von Stabilisierung und

Optimierung. Wenn Sie konsequent und fokussiert bleiben, können Sie Ihre Immobilie in eine zuverlässige Einkommensmaschine verwandeln.

Die wichtigste Erkenntnis ist, dass Ihr erster Airbnb-Deal nicht mit dem Abschluss endet. Dort beginnt er erst. Was Sie nach dem Kauf tun, bestimmt Ihren Erfolg. Indem Sie Ihre Immobilie wie ein Unternehmen behandeln und ihre Leistung kontinuierlich verbessern, schaffen Sie ein System, das Einkommen generiert und Ihre langfristigen Ziele unterstützt.

Ihre Reise als Airbnb-Investor hat sich nun geschlossen – von der Finanzierung über den Kauf bis hin zum Betrieb einer profitablen Immobilie. Der nächste Schritt besteht darin, diesen Prozess zu wiederholen und zu skalieren, sodass Sie im Laufe der Zeit ein Portfolio aufbauen können, das gemeinsam mit Ihnen wächst.

Kapitel 9

Über Ihre Erste Airbnb-Immobilie Hinaus Skalieren – Ein Portfolio Aufbauen, das Mit Ihnen Wächst

Sobald Ihre erste Airbnb-Immobilie stabil läuft und konstante Einnahmen generiert, erreichen Sie einen entscheidenden Wendepunkt auf Ihrer Investitionsreise. Sie lernen nicht mehr nur – Sie befinden sich nun in einer Position, in der Sie expandieren können. Dieses Kapitel behandelt den Unterschied zwischen jemandem, der eine einzelne Airbnb-Immobilie besitzt, und jemandem, der ein skalierbares, einkommensproduzierendes Portfolio aufbaut. Der Übergang von einer Immobilie zu mehreren Immobilien basiert nicht auf Glück. Er basiert auf Strategie, Disziplin und der Fähigkeit, ein bewährtes System zu wiederholen und gleichzeitig das Wachstum intelligent zu steuern.

Das erste und wichtigste Konzept beim Skalieren ist das Verständnis, dass Ihr zweiter Deal grundlegend anders ist als Ihr erster. Der erste Deal erforderte Lernen, Selbstvertrauen und Umsetzung. Der zweite Deal erfordert Strategie, Effizienz und Hebelwirkung. Sie beginnen nicht mehr bei null. Sie verfügen nun über Erfahrung, Daten und ein funktionierendes Modell, das Sie verfeinern und erweitern können.

Einer der größten Vorteile nach Ihrem ersten Deal ist Klarheit. Sie wissen jetzt, wie lange ein Abschluss dauert, wie Ihre Immobilie tatsächlich performt, wie hoch Ihre realen Kosten sind und wie sich Ihre Finanzierung unter echten Marktbedingungen verhält. Dieses Wissen ermöglicht es Ihnen, schneller und fundierter Entscheidungen zu treffen.

Skalierung beginnt mit Kapitalmanagement. Nach Ihrem ersten Deal müssen Sie Ihr verfügbares Kapital, Ihre Rücklagen und Ihre Fähigkeit zur Kapitalbeschaffung bewerten. Diese Faktoren bestimmen, wie schnell Sie die nächste Immobilie erwerben können. Manche Investoren sparen aggressiv zwischen den Deals, während andere Strategien wie Refinanzierungen oder Partnerschaften nutzen, um ihr Wachstum zu beschleunigen.

Die Refinanzierung ist eines der wichtigsten Werkzeuge Ihrer Skalierungsstrategie. Wenn Ihre Immobilie an Wert gewinnt und Ihr Darlehenssaldo sinkt, bauen Sie Eigenkapital auf. Dieses Eigenkapital kann durch eine Refinanzierung genutzt werden, sodass Sie Kapital entnehmen und in weitere Immobilien investieren können. Dieser Prozess wird häufig als „Kapitalrecycling“ bezeichnet und ermöglicht es Ihnen, Ihr

Portfolio auszubauen, ohne ausschließlich auf neue Ersparnisse angewiesen zu sein.

Ein weiterer entscheidender Faktor beim Skalieren ist Ihr Finanzierungsansatz. Wenn Sie sich stark auf konventionelle Darlehen verlassen, stoßen Sie möglicherweise irgendwann an Grenzen hinsichtlich Ihrer Schuldenquote oder der Anzahl finanzierter Immobilien. Genau hier werden alternative Finanzierungsstrategien wie DSCR-Darlehen besonders wertvoll. Diese Programme ermöglichen die Qualifikation auf Basis der Immobilienleistung statt Ihres persönlichen Einkommens, wodurch die Expansion Ihres Portfolios erleichtert wird.

Skalierung bedeutet jedoch nicht einfach, mehr Immobilien zu erwerben. Es bedeutet, die richtigen Immobilien zu erwerben. Mit dem Wachstum Ihres Portfolios sollte jede zusätzliche Immobilie Ihre Kriterien hinsichtlich Leistung, Stabilität und Übereinstimmung mit Ihren Zielen erfüllen. Nach ersten Erfolgen ist die Versuchung groß, schnell zu handeln. Disziplin bleibt jedoch entscheidend.

Ihre Akquisitionskriterien sollten konstant bleiben. Dazu gehören Ihr Zielpreisbereich, Ihr gewünschter Cashflow, Ihr akzeptables Risikoniveau und Ihre bevorzugten Standorte.

Durch die Einhaltung dieser Standards stellen Sie sicher, dass Ihr Portfolio langfristig stark und nachhaltig bleibt.

Ein weiterer wichtiger Aspekt der Skalierung ist die Diversifizierung. Mehrere Immobilien an einem einzigen Standort zu besitzen, kann Sie marktspezifischen Risiken aussetzen, etwa Änderungen lokaler Vorschriften oder Nachfrageschwankungen. Eine Diversifizierung über verschiedene Märkte oder Immobilientypen hinweg kann dieses Risiko reduzieren und Ihr Portfolio widerstandsfähiger machen.

Mit zunehmender Größe Ihres Portfolios wird operative Effizienz immer wichtiger. Die Verwaltung einer Immobilie ist relativ einfach, doch mehrere Immobilien erfordern Systeme. Dazu gehören standardisierte Prozesse für Reinigung, Wartung, Gästekommunikation und Preisgestaltung. Automatisierungstools können diese Prozesse vereinfachen und Ihnen ermöglichen, mehrere Immobilien zu verwalten, ohne Ihren Arbeitsaufwand erheblich zu erhöhen.

Auch Ihr Team wird zu einem entscheidenden Erfolgsfaktor. Mit dem Wachstum Ihres Portfolios müssen Sie sich möglicherweise auf Reinigungskräfte, Wartungsspezialisten, Immobilienverwalter oder virtuelle Assistenten verlassen. Ein zuverlässiges Team hilft Ihnen dabei, hohe Standards aufrechtzuerhalten und gleichzeitig Ihren Fokus auf Wachstum und Strategie zu richten.

Ein weiteres Schlüsselelement der Skalierung sind Daten. Mit jeder neuen Immobilie erhalten Sie zusätzliche Leistungsdaten. Dadurch können Sie Trends erkennen, Preisstrategien optimieren und Ihren gesamten Ansatz verbessern. Datenbasierte Entscheidungen werden zu einem Wettbewerbsvorteil und ermöglichen es Ihnen, weniger organisierte Investoren zu übertreffen.

Cashflow-Management ist ebenfalls von zentraler Bedeutung. Mit dem Wachstum Ihres Portfolios steigen sowohl Ihre Einnahmen als auch Ihre Ausgaben und Verantwortlichkeiten. Ein effektives Cashflow-Management stellt sicher, dass Sie Kosten decken, Rücklagen aufbauen und in zukünftige Chancen reinvestieren können.

Ebenso wichtig ist die Aufrechterhaltung starker Rücklagen im gesamten Portfolio. Jede Immobilie sollte über ihren eigenen Sicherheitspuffer verfügen, und Ihr Gesamtportfolio sollte zusätzliche Reserven für unerwartete Herausforderungen besitzen. Dies reduziert Risiken und erhöht die Stabilität Ihres Portfolios.

Ihre langfristige Vision sollte Ihre Skalierungsstrategie leiten. Bauen Sie Ihr Portfolio für passives Einkommen, langfristige Wertsteigerung oder eine Kombination aus beidem auf? Planen Sie, Ihre Immobilien dauerhaft zu halten, oder möchten Sie sie später verkaufen oder refinanzieren? Eine klare Vision hilft Ihnen, Entscheidungen zu treffen, die mit Ihren Zielen übereinstimmen.

Ein weiterer wichtiger Faktor ist das Zeitmanagement. Mit zunehmender Größe Ihres Portfolios wird Ihre Zeit wertvoller. Die Konzentration auf Aktivitäten mit hoher Wirkung – wie die Akquisition neuer Immobilien und die Optimierung bestehender Objekte – maximiert Ihre Ergebnisse. Die Delegation weniger wichtiger Aufgaben an Teammitglieder oder Automatisierungssysteme erhöht Ihre Effizienz.

Skalierung erfordert außerdem Anpassungsfähigkeit. Märkte verändern sich, Zinssätze schwanken und neue Chancen entstehen. Die Fähigkeit, Ihre Strategie an veränderte Bedingungen anzupassen, ist entscheidend. Dies bedeutet nicht, Ihre Grundsätze aufzugeben, sondern Ihren Ansatz bei Bedarf zu verfeinern.

Einer der stärksten Aspekte der Skalierung ist die Dynamik. Jede neu erworbene Immobilie baut auf der vorherigen auf. Ihre Einnahmen steigen, Ihr Eigenkapital wächst und Ihre

Erfahrung erweitert sich. Dies erzeugt einen Verstärkungseffekt, der Ihren Fortschritt im Laufe der Zeit beschleunigt.

Es ist jedoch wichtig, sich nicht zu übernehmen. Schnelles Wachstum ohne ausreichende Struktur kann Stress verursachen und Risiken erhöhen. Skalierung sollte bewusst und kontrolliert erfolgen, sodass jeder Schritt Ihr Portfolio stärkt und nicht schwächt.

Bei Ihrer ersten Airbnb-Immobilie ging es darum, zu beginnen. Die zweite, dritte und vierte Immobilie dienen dazu, etwas Nachhaltiges aufzubauen. Dieser Übergang erfordert eine Veränderung Ihrer Denkweise – weg vom Abschluss einzelner Deals hin zur Verwaltung eines Portfolios.

Letztendlich geht es bei der Skalierung darum, ein funktionierendes System zu schaffen. Es geht darum, die Faktoren zu identifizieren, die Ergebnisse liefern, und diese konsequent zu wiederholen. Wenn Sie dies mit Disziplin, Strategie und kontinuierlicher Verbesserung kombinieren, entsteht ein Portfolio, das gemeinsam mit Ihnen wächst.

Ihre Reise als Airbnb-Investor entwickelt sich in dieser Phase weiter. Sie nehmen nicht mehr nur am Markt teil – Sie bauen ein Unternehmen auf. Jede Immobilie ist ein Bestandteil dieses Unternehmens und trägt zu Ihrem Gesamterfolg bei.

Von Einer Immobilie zu Einem Portfolio mit Fünf Airbnb-Objekten

Betrachten wir ein detailliertes Beispiel dafür, wie ein Anfänger im Laufe der Zeit von einer einzelnen Airbnb-Immobilie zu einem Portfolio mit fünf Immobilien wachsen kann. Stellen Sie sich vor, Sie beginnen mit einer Immobilie, die Sie für 300.000 US-Dollar erwerben und mit einer Anzahlung von 15 % beziehungsweise 45.000 US-Dollar finanzieren. Ihr Darlehensbetrag beträgt 255.000 US-Dollar bei einem Zinssatz von 7 %, was zu monatlichen Gesamtkosten von etwa 2.100 US-Dollar führt.

Nach Betriebskosten generiert die Immobilie ein Nettobetriebseinkommen von 2.500 US-Dollar pro Monat, wodurch ein monatlicher Cashflow von 400 US-Dollar beziehungsweise 4.800 US-Dollar pro Jahr entsteht.

Nach einem Jahr steigt der Wert der Immobilie um 5 %, wodurch sie nun 315.000 US-Dollar wert ist. Gleichzeitig sinkt Ihr Darlehenssaldo auf etwa 250.000 US-Dollar. Dadurch verfügen Sie über 65.000 US-Dollar Eigenkapital.

Gleichzeitig sparen Sie aus Ihrem Einkommen und Ihrem Cashflow weitere 25.000 US-Dollar an. Nach Berücksichtigung Ihrer Rücklagen verfügen Sie nun über ungefähr 40.000 US-Dollar, die für den nächsten Deal eingesetzt werden können.

Sie erwerben eine zweite Immobilie für 280.000 US-Dollar mit einer Anzahlung von 20 % beziehungsweise 56.000 US-Dollar. Diese Immobilie generiert ebenfalls einen monatlichen Cashflow von etwa 350 US-Dollar. Gemeinsam erzeugen Ihre beiden Immobilien nun 750 US-Dollar monatlichen Cashflow beziehungsweise 9.000 US-Dollar pro Jahr.

Nach einem weiteren Jahr steigen beide Immobilien erneut um 5 % im Wert. Ihre erste Immobilie ist nun etwa 330.750 US-Dollar wert, während die zweite Immobilie einen Wert von ungefähr 294.000 US-Dollar erreicht. Ihr gesamtes Eigenkapital wächst kontinuierlich weiter.

Anschließend refinanzieren Sie Ihre erste Immobilie und entnehmen 30.000 US-Dollar Eigenkapital, während die Darlehensstruktur weiterhin überschaubar bleibt. Zusammen mit Ihren Ersparnissen verfügen Sie nun über ausreichend Kapital, um eine dritte Immobilie zu erwerben.

Sie wiederholen denselben Prozess und erwerben eine dritte Immobilie mit vergleichbarer Leistung, die weitere 350 US-Dollar monatlichen Cashflow generiert. Ihr Portfolio erzeugt nun etwa 1.100 US-Dollar pro Monat beziehungsweise 13.200 US-Dollar jährlich.

Im weiteren Verlauf folgen die vierte und fünfte Immobilie einem ähnlichen Muster. Jede Immobilie fügt weitere 300 bis 400 US-Dollar monatlichen Cashflow hinzu. Sobald Sie fünf Immobilien besitzen, liegt Ihr gesamter monatlicher Cashflow bei etwa 1.800 bis 2.000 US-Dollar beziehungsweise 21.600 bis 24.000 US-Dollar pro Jahr.

Betrachten wir nun die langfristigen Auswirkungen. Ihre Immobilien gewinnen weiterhin an Wert, Ihre Darlehenssalden sinken und Ihre Einnahmen wachsen. Mit der Zeit wird Ihr Portfolio zu einer bedeutenden Quelle von Einkommen und Vermögensaufbau.

Zusätzlich haben kleine Verbesserungen über das gesamte Portfolio hinweg einen verstärkenden Effekt. Eine Erhöhung des durchschnittlichen Übernachtungspreises um lediglich 10 US-Dollar für alle Immobilien oder eine leichte Verbesserung der Auslastung kann Tausende von Dollar an zusätzlichem Jahreseinkommen generieren.

Dieses Beispiel zeigt, wie Skalierung durch Beständigkeit und Strategie erreicht wird. Jede Immobilie baut auf der vorherigen auf und erzeugt Dynamik sowie Wachstum im Laufe der Zeit.

Die wichtigste Erkenntnis lautet, dass Ihre erste Immobilie das Fundament darstellt. Durch die Anwendung eines wiederholbaren Systems, solides Finanzmanagement und strategische Entscheidungen können Sie Ihr Portfolio erweitern und einen nachhaltigen Einkommensstrom aufbauen.

Skalierung bedeutet nicht Geschwindigkeit – sie bedeutet Struktur. Wenn Sie Ihr Portfolio mit Absicht und Disziplin aufbauen, schaffen Sie ein System, das gemeinsam mit Ihnen wächst und Ihre langfristigen Ziele unterstützt.

Kapitel 10

Fortgeschrittene Strategien, um Jeden Airbnb-Deal mit Kreativer Finanzierung und Hybriden Darlehensstrukturen Erfolgreich Abzuschließen

Mit diesem Kapitel haben Sie den Weg vom völligen Anfänger zu jemandem zurückgelegt, der Finanzierung, Deal-Analyse, Strukturierung, Betrieb und Skalierung versteht. Nun ist es an der Zeit, den nächsten Schritt zu machen – zu lernen, wie man Deals abschließt, die andere nicht abschließen können. Genau hier kommen fortgeschrittene Strategien ins Spiel. Dies sind die Techniken, die erfahrenen Investoren ermöglichen, über Standard-Darlehensoptionen hinauszugehen und Deals kreativ zu strukturieren, insbesondere in Situationen, in denen traditionelle Finanzierung allein nicht ausreicht.

Auf diesem Niveau sind Sie nicht länger auf einen einzigen Darlehenstyp oder eine starre Struktur beschränkt. Stattdessen beginnen Sie, mehrere Strategien miteinander zu kombinieren, um Lösungen zu schaffen. Dies wird häufig als hybride Finanzierung bezeichnet. Dabei werden verschiedene

Kapitalquellen genutzt – beispielsweise Ersthypotheken, Zweithypotheken, HELOCs, private Gelder oder Verkäuferfinanzierungen –, um einen Deal abzuschließen, der andernfalls möglicherweise nicht realisierbar wäre.

Das erste Konzept, das Sie verstehen müssen, ist, dass jeder Deal flexibel ist. Viele Anfänger glauben, Finanzierung sei etwas Starres, entweder qualifiziert man sich für ein Darlehen oder nicht. In Wirklichkeit ist Finanzierung häufig verhandelbar und anpassbar. Wenn Sie die verschiedenen Werkzeuge und ihr Zusammenspiel verstehen, können Sie Strukturen schaffen, die sowohl den Anforderungen der Kreditgeber als auch Ihren Investitionszielen entsprechen.

Eine der häufigsten fortgeschrittenen Strategien besteht darin, eine Ersthypothek mit einem nachrangigen Darlehen zu kombinieren. Beispielsweise können Sie ein Hauptdarlehen erhalten, das 70 % bis 80 % des Kaufpreises abdeckt, und eine Zweithypothek oder einen HELOC nutzen, um einen Teil der Anzahlung zu finanzieren. Dadurch reduziert sich der Betrag an Bargeld, den Sie im Voraus einsetzen müssen, während Sie die Immobilie dennoch erwerben können.

Dieser Ansatz erfordert sorgfältige Planung. Das kombinierte Beleihungsverhältnis muss für beide Kreditgeber akzeptabel sein, und die zusätzliche Verschuldung muss es der Immobilie weiterhin ermöglichen, finanziell erfolgreich zu sein. Wird die Struktur jedoch richtig aufgebaut, kann diese Strategie Ihre Fähigkeit, Immobilien zu erwerben, erheblich steigern, ohne Ihr verfügbares Kapital aufzubrauchen.

Eine weitere leistungsstarke Strategie besteht darin, Eigenkapital aus bestehenden Immobilien zu nutzen. Mit dem Wachstum Ihres Portfolios bauen Sie Eigenkapital auf, das für neue Deals eingesetzt werden kann. Dies kann beispielsweise durch einen HELOC auf einer bestehenden Immobilie erfolgen, dessen Mittel als Anzahlung für eine weitere Immobilie verwendet werden. Dieser Ansatz ermöglicht Kapitalrecycling und beschleunigt Ihr Wachstum.

Privatkapital ist ein weiteres wichtiges Werkzeug. Private Kreditgeber – Einzelpersonen oder kleine Investorengruppen – sind häufig bereit, Kapital auf Grundlage der Stärke des Deals bereitzustellen, anstatt sich strikt an traditionelle Kreditrichtlinien zu halten. Dies kann besonders nützlich sein bei zeitkritischen Chancen oder Immobilien, die nicht den Anforderungen klassischer Kreditprogramme entsprechen.

Privates Kapital ist in der Regel teurer, bietet jedoch Flexibilität und Geschwindigkeit. Es kann als Brückenlösung eingesetzt werden, um eine Immobilie schnell zu erwerben und später in ein traditionelleres Darlehen umzuwandeln, sobald die Immobilie stabilisiert wurde.

Eine weitere kreative Möglichkeit ist die Verkäuferfinanzierung. In diesem Szenario fungiert der Verkäufer selbst als Kreditgeber und erlaubt Ihnen, Zahlungen direkt an ihn zu leisten, anstatt eine traditionelle Hypothek aufzunehmen. Dies kann Ihre Anfangskosten reduzieren und flexible Bedingungen ermöglichen. Zwar ist nicht jeder Verkäufer offen für diesen Ansatz, doch in der richtigen Situation kann er ein äußerst wirkungsvolles Instrument sein.

Ein weiteres fortgeschrittenes Konzept ist die Schichtung von Finanzierungen. Dabei werden mehrere Strategien innerhalb eines einzigen Deals kombiniert. Beispielsweise könnten Sie ein DSCR-Darlehen für die Hauptfinanzierung, einen HELOC für einen Teil der Anzahlung und zusätzlich einen kleineren Bargeldbetrag verwenden, um die Transaktion abzuschließen. Dieser geschichtete Ansatz ermöglicht es Ihnen, Ihr Kapital zu optimieren und gleichzeitig die Kontrolle über die Immobilie zu behalten.

Zinszahlungsdarlehen sind ein weiteres Werkzeug, das den Cashflow insbesondere in den ersten Jahren verbessern kann. Da während eines bestimmten Zeitraums nur die Zinsen gezahlt werden, reduzieren sich die monatlichen Zahlungen und der Cashflow steigt. Dies kann besonders nützlich für Immobilien sein, die zunächst optimiert oder stabilisiert werden müssen.

Allerdings bringen Zinszahlungsdarlehen auch Nachteile mit sich. Während der Zinszahlungsphase bauen Sie kein Eigenkapital durch Tilgung auf, und die Zahlungen können später steigen. Das Verständnis dieser Dynamik ist entscheidend, bevor Sie diese Strategie einsetzen.

Ein weiterer wichtiger Bestandteil fortgeschrittener Deal-Strukturierung ist das Timing. Einige Deals erfordern Geschwindigkeit, insbesondere in wettbewerbsintensiven Märkten. Die Fähigkeit, schnell zu handeln – sei es durch privates Kapital, Vorabgenehmigungen oder flexible Finanzierungsstrukturen – kann Ihnen einen Vorteil gegenüber anderen Käufern verschaffen.

Verhandlungen werden auf diesem Niveau noch wichtiger. Kreative Finanzierung bedeutet häufig, Bedingungen mit Verkäufern, Kreditgebern oder Partnern auszuhandeln. Dies kann Kaufpreise, Zahlungsbedingungen oder Finanzierungsstrukturen umfassen. Gute Verhandlungsfähigkeiten ermöglichen es Ihnen, Deals zu schaffen, die für alle Beteiligten funktionieren.

Risikomanagement bleibt dabei entscheidend. Kreative Strategien können zwar neue Chancen eröffnen, erhöhen jedoch oft auch die Komplexität. Jede zusätzliche Finanzierungsebene bringt neue Variablen mit sich. Ihr Ziel sollte darin bestehen, Deals zu strukturieren, die unter realistischen Bedingungen stabil bleiben und nicht nur unter idealen Annahmen funktionieren.

Ein weiteres zentrales Konzept ist die Exit-Strategie. Bei fortgeschrittenen Deals müssen Sie immer einen klaren Plan haben, wie die Immobilie zukünftig verwaltet oder refinanziert wird. Wenn Sie beispielsweise privates Kapital oder ein kurzfristiges Darlehen nutzen, benötigen Sie eine Strategie, um später auf langfristige Finanzierung umzusteigen.

Mit zunehmender Erfahrung verändert sich Ihre Perspektive. Sie beginnen, Deals nicht mehr als starre Gelegenheiten zu betrachten, sondern als flexible Szenarien, die gestaltet werden können. Diese Denkweise ermöglicht es Ihnen, Chancen zu erkennen, die andere übersehen, und durch Strukturierung zusätzlichen Wert zu schaffen.

Ihr Netzwerk gewinnt ebenfalls zunehmend an Bedeutung. Beziehungen zu Kreditgebern, Maklern, privaten Investoren und anderen Fachleuten können Ihnen Zugang zu Chancen und Ressourcen verschaffen, die öffentlich nicht verfügbar sind. Der Aufbau und die Pflege dieser Beziehungen sind ein wesentlicher Bestandteil langfristigen Erfolgs.

Ebenso wichtig ist die kontinuierliche Verbesserung Ihrer Systeme. Mit zunehmender Komplexität Ihrer Deals werden organisierte Prozesse für Analyse, Dokumentation und Umsetzung unverzichtbar. Dadurch können Sie komplexe Strukturen effizient verwalten, ohne den Überblick zu verlieren.

Letztendlich geht es bei fortgeschrittener Deal-Strukturierung um Kontrolle. Es geht darum, mehrere Werkzeuge zur Verfügung zu haben und zu wissen, wie man sie effektiv einsetzt. Dadurch können Sie sich an unterschiedliche Situationen anpassen, Herausforderungen überwinden und Ihr Portfolio weiter ausbauen.

Dieses Kapitel repräsentiert die höchste strategische Ebene dieser Buchreihe. Hier wechseln Sie vom Befolgen eines Prozesses zur Entwicklung Ihrer eigenen Strategien. Hier beginnen Sie, mit Flexibilität, Kreativität und Selbstvertrauen zu agieren.

Ihre Reise vom Anfänger zum fortgeschrittenen Investor ist nun abgeschlossen. Sie verfügen über das Wissen, die Werkzeuge und die Denkweise, um erfolgreich zu sein. Der nächste Schritt ist die Umsetzung – die Anwendung dessen, was Sie gelernt haben, auf reale Chancen.

Einen Fortgeschrittenen Airbnb-Deal mit Hybrider Finanzierung Strukturieren

Betrachten wir ein detailliertes Beispiel dafür, wie ein fortgeschrittener Investor einen Deal mithilfe mehrerer Finanzierungsstrategien strukturieren könnte. Stellen Sie sich vor, Sie erwerben eine leistungsstarke Airbnb-Immobilie für 400.000 US-Dollar.

Anstatt eine traditionelle Anzahlung von 20 % beziehungsweise 80.000 US-Dollar zu leisten, entscheiden Sie sich für eine Kombination verschiedener Finanzierungsquellen. Sie sichern sich ein DSCR-Darlehen, das 75 % des Kaufpreises beziehungsweise 300.000 US-Dollar abdeckt. Bei einem Zinssatz von 7,5 % beträgt Ihre monatliche Zahlung für Tilgung und Zinsen etwa 2.100 US-Dollar.

Es verbleiben noch 100.000 US-Dollar, die finanziert werden müssen. Anstatt den gesamten Betrag in bar einzubringen, nutzen Sie einen HELOC auf einer anderen Immobilie über 60.000 US-Dollar. Der HELOC hat einen Zinssatz von 8 %, was zu einer monatlichen Zahlung von ungefähr 400

US-Dollar führt. Zusätzlich bringen Sie 40.000 US-Dollar Eigenkapital ein, um die Anzahlung zu vervollständigen.

Ihre gesamte monatliche Verschuldung umfasst nun 2.100 US-Dollar für das DSCR-Darlehen und 400 US-Dollar für den HELOC. Hinzu kommen Grundsteuern von 350 US-Dollar pro Monat und Versicherungen von 200 US-Dollar pro Monat. Dadurch ergeben sich monatliche Gesamtkosten von 3.050 US-Dollar.

Betrachten wir nun die Einnahmen. Die Immobilie erzielt einen durchschnittlichen Übernachtungspreis von 220 US-Dollar bei einer Auslastung von 70 %, was ungefähr 21 gebuchten Nächten pro Monat entspricht. Daraus ergibt sich ein monatliches Bruttoeinkommen von 4.620 US-Dollar.

Nach Betriebskosten von 1.400 US-Dollar verbleibt ein Nettobetriebseinkommen von 3.220 US-Dollar. Nach Abzug Ihrer monatlichen Gesamtkosten von 3.050 US-Dollar verbleibt ein positiver Cashflow von 170 US-Dollar pro Monat.

Auf den ersten Blick mag dieser Betrag bescheiden erscheinen. Berücksichtigen wir jedoch Ihre tatsächliche Bargeldinvestition. Anstatt 80.000 US-Dollar einzusetzen, haben Sie lediglich 40.000 US-Dollar investiert. Dadurch erhöht sich Ihre Rendite auf das eingesetzte Kapital erheblich.

Ihr jährlicher Cashflow beträgt 2.040 US-Dollar. Dividiert durch Ihre Investition von 40.000 US-Dollar ergibt sich eine Cash-on-Cash-Rendite von etwa 5,1 %. Zusätzlich behalten Sie Zugriff auf Ihren HELOC für zukünftige Deals, wodurch Sie Ihr Portfolio weiter ausbauen können.

Betrachten wir nun Optimierungsmöglichkeiten. Wenn Sie Ihren durchschnittlichen Übernachtungspreis auf 230 US-Dollar erhöhen oder die Auslastung auf 75 % steigern, erhöhen sich Ihre Einnahmen deutlich. Bei 230 US-Dollar pro Nacht und 22,5 gebuchten Nächten pro Monat würde Ihr Bruttoeinkommen beispielsweise auf 5.175 US-Dollar steigen. Nach Abzug der Kosten erhöht sich Ihr Nettobetriebseinkommen und damit Ihr Cashflow.

Nun betrachten wir die Exit-Strategie. Nach ein bis zwei Jahren gewinnt die Immobilie an Wert und die Einnahmen stabilisieren sich. Sie könnten sich dann für eine Refinanzierung entscheiden, bei der der HELOC durch ein neues Darlehen ersetzt oder die gesamte Finanzierung in einer einzigen Struktur zusammengeführt wird. Dadurch reduzieren sich Ihre monatlichen Zahlungen und Ihr Cashflow steigt.

Dieses Beispiel zeigt, wie hybride Finanzierung es Ihnen ermöglicht, eine größere Immobilie mit weniger Eigenkapital zu kontrollieren und gleichzeitig profitabel zu bleiben. Es verdeutlicht außerdem die Bedeutung sorgfältiger Planung, da jede Komponente des Deals mit den anderen harmonieren muss.

Fortgeschrittene Strategien dienen nicht dazu, unnötige Risiken einzugehen. Sie dienen dazu, verfügbare Werkzeuge intelligent einzusetzen, um Chancen zu schaffen. Richtig angewendet ermöglichen sie es Ihnen, Ihr Portfolio schneller auszubauen, Ihre Renditen zu steigern und Ihre Investitionsziele effizienter zu erreichen.

Die Fähigkeit, Deals auf diesem Niveau zu strukturieren, hebt Sie als Investor von anderen ab. Sie ermöglicht es Ihnen, Einschränkungen zu überwinden und kreative Lösungen zu entwickeln. Genau dies bildet die Grundlage für langfristigen Erfolg im Bereich der Airbnb-Investitionen.

Kapitel 11

Langfristigen Vermögensaufbau und Exit-Strategien mit Airbnb-Investitionen Entwickeln

In diesem Stadium beginnt sich Ihre Perspektive als Investor von kurzfristiger Umsetzung hin zum langfristigen Vermögensaufbau zu verändern. Bis zu diesem Punkt haben Sie sich darauf konzentriert, Ihre erste Immobilie zu erwerben, Deals zu strukturieren, die Leistung zu optimieren und Ihr Portfolio zu skalieren. Nun wird die Frage größer und strategischer: Wie verwandeln Sie Ihr Airbnb-Portfolio in nachhaltigen Wohlstand, finanzielle Sicherheit und zukünftige Entscheidungsfreiheit?

Der Besitz von Airbnb-Immobilien dient nicht nur dazu, monatlichen Cashflow zu generieren. Es geht darum, eine Vermögensbasis aufzubauen, die im Laufe der Zeit wächst, Einkommen erzeugt und Ihnen Kontrolle über Ihre finanzielle Zukunft gibt. Die erfolgreichsten Investoren denken über einzelne Deals hinaus und konzentrieren sich darauf, wic sich ihr Portfolio über Jahre und Jahrzehnte entwickelt.

Das erste Konzept, das Sie verstehen müssen, ist, dass Vermögen im Immobilienbereich über mehrere Kanäle aufgebaut wird und nicht nur durch Cashflow. Monatliche Einnahmen sind zwar wichtig, aber sie stellen nur einen Teil der Gleichung dar. Wertsteigerung, Darlehenstilgung, steuerliche Vorteile und Reinvestitionen tragen alle zu Ihrem Gesamtvermögen bei.

Wertsteigerung beschreibt die Zunahme des Immobilienwertes im Laufe der Zeit. Obwohl Märkte schwanken können, haben Immobilien historisch betrachtet langfristig einen Aufwärtstrend gezeigt. Mit steigenden Immobilienwerten wächst auch Ihr Eigenkapital. Dies schafft Möglichkeiten für Refinanzierungen, Verkäufe oder andere Formen der Nutzung Ihrer Vermögenswerte.

Die Tilgung von Darlehen ist ein weiterer leistungsstarker Mechanismus zum Vermögensaufbau. Jedes Mal, wenn Sie eine Hypothekenzahlung leisten, wird ein Teil der Zahlung verwendet, um den Darlehenssaldo zu reduzieren. Mit der Zeit erhöht dies Ihren Eigentumsanteil an der Immobilie. Auch wenn dieser Prozess zunächst langsam erscheint, entfaltet er über die Laufzeit eines Darlehens eine erhebliche Wirkung.

Steuerliche Vorteile spielen ebenfalls eine wichtige Rolle. Immobilieninvestoren profitieren häufig von Abschreibungen,

Betriebsausgaben und Zinsabzügen. Diese Vorteile können Ihr zu versteuerndes Einkommen reduzieren und Ihre Gesamtrendite erhöhen. Das Verständnis und die Nutzung dieser Vorteile können Ihre langfristigen Ergebnisse erheblich verbessern.

Die Reinvestition bildet die vierte Säule des Vermögensaufbaus. Die Einnahmen und das Eigenkapital, die Ihre Immobilien generieren, können in zusätzliche Chancen reinvestiert werden. Dadurch entsteht ein Verstärkungseffekt, bei dem Ihr Portfolio nicht nur linear, sondern potenziell exponentiell wächst.

Mit dem Wachstum Ihres Portfolios wird es wichtig, eine langfristige Strategie zu definieren. Dazu gehört die Entscheidung, wie lange Sie Ihre Immobilien halten möchten, wie Sie diese verwalten und wie Sie Ihre Investitionen später beenden oder übertragen möchten.

Eine häufige Strategie ist das langfristige Halten. Bei diesem Ansatz behalten Sie Ihre Immobilien über viele Jahre hinweg, sodass sie an Wert gewinnen und kontinuierlich Einkommen erzeugen können. Im Laufe der Zeit werden die Darlehen zurückgezahlt, während die Einnahmen steigen und die Ausgaben stabil bleiben. Diese Strategie bietet Stabilität und fortlaufende Einkünfte.

Ein weiterer Ansatz ist die Refinanzierungsstrategie. Mit steigenden Immobilienwerten und wachsendem Eigenkapital können Sie refinanzieren und Kapital entnehmen. Dadurch erhalten Sie Zugang zu Ihrem Eigenkapital, ohne die Immobilie verkaufen zu müssen. Die freigesetzten Mittel können für weitere Investitionen verwendet werden und schaffen einen Kreislauf des Wachstums.

Eine weitere Variante ist die sogenannte BRRRR-Strategie – Kaufen, Renovieren, Vermieten, Refinanzieren und Wiederholen. Obwohl sie häufig mit langfristigen Mietobjekten verbunden wird, kann sie auch bei Airbnb-Immobilien eingesetzt werden, insbesondere wenn diese von Modernisierungen oder einer Neupositionierung profitieren.

Der Verkauf von Immobilien ist eine weitere mögliche Exit-Strategie. Dies kann den Verkauf einzelner Immobilien zur Realisierung von Wertsteigerungen oder den Verkauf eines Teils Ihres Portfolios zur Umschichtung von Kapital umfassen. Verkäufe schaffen Liquidität und ermöglichen die Verfolgung neuer Chancen.

Einige Investoren ziehen auch Portfolio-Exits in Betracht. Dabei können mehrere Immobilien gemeinsam verkauft oder das Kapital in andere Anlageformen wie größere

Gewerbeobjekte oder passive Investitionen umgeschichtet werden. Auf diesem Niveau wird Ihr Portfolio zu einem flexiblen Vermögenswert, der an Ihre Ziele angepasst werden kann.

Ein weiterer wichtiger Aspekt ist die Gestaltung Ihres Lebensstils. Airbnb-Investitionen bieten eine Flexibilität, die traditionelle Einkommensquellen oft nicht bieten. Mit dem Wachstum Ihres Portfolios haben Sie möglicherweise die Möglichkeit, Ihre Arbeitsbelastung zu reduzieren, mehr zu reisen oder sich anderen Interessen zu widmen. Ihr Portfolio so zu gestalten, dass es Ihren gewünschten Lebensstil unterstützt, ist ein zentraler Bestandteil langfristigen Erfolgs.

Risikomanagement bleibt auch in dieser Phase entscheidend. Mit dem Wachstum Ihres Portfolios steigt auch Ihre Gesamtexponierung. Starke Rücklagen, Diversifikation und ein kontinuierliches Verständnis der Marktbedingungen helfen dabei, Ihre Investitionen zu schützen.

Schuldenmanagement ist ein weiterer wichtiger Faktor. Fremdkapital ist ein leistungsstarkes Werkzeug, muss jedoch sorgfältig eingesetzt werden. Das Verständnis Ihrer Schuldenstruktur, Zinssätze und Rückzahlungsbedingungen stellt sicher, dass Ihr Portfolio nachhaltig bleibt. In manchen

Situationen kann es sinnvoll sein, Schulden aggressiver abzubauen, um die Stabilität zu erhöhen.

Eine weitere langfristige Überlegung ist die Nachfolgeplanung. Mit dem Wachstum Ihres Portfolios sollten Sie darüber nachdenken, wie Ihre Vermögenswerte zukünftig verwaltet werden. Dies kann die Einrichtung von Gesellschaften, Treuhandstrukturen oder anderen rechtlichen Instrumenten umfassen, um Ihr Vermögen zu schützen und weiterzugeben.

Auch Ihre Denkweise entwickelt sich weiter. Sie konzentrieren sich weniger auf einzelne Deals und mehr auf Ihr Gesamtportfolio. Anstatt eine einzelne Immobilie zu maximieren, optimieren Sie Ihr gesamtes System. Dieser Perspektivwechsel ermöglicht es Ihnen, strategischer und effizienter zu handeln.

Technologie und Automatisierung bleiben ebenfalls wichtige Bestandteile Ihres Erfolgs. Mit zunehmender Größe Ihres Portfolios werden Tools zur Verwaltung von Buchungen, Preisgestaltung und Betriebsabläufen immer wertvoller. Diese Systeme ermöglichen es Ihnen, die Kontrolle zu behalten und gleichzeitig Ihren Arbeitsaufwand zu reduzieren.

Netzwerke und Beziehungen gewinnen ebenfalls an Bedeutung. Der Austausch mit anderen Investoren,

Kreditgebern und Fachleuten kann Ihnen Zugang zu Chancen, Erkenntnissen und Ressourcen verschaffen, die Ihr Wachstum unterstützen.

Letztendlich geht es beim langfristigen Vermögensaufbau durch Airbnb-Investitionen um Beständigkeit, Disziplin und strategisches Denken. Es geht darum, Entscheidungen zu treffen, die mit Ihren Zielen übereinstimmen, und Ihren Ansatz anzupassen, wenn sich Ihre Situation verändert.

Ihre Reise endet nicht mit dem Erwerb von Immobilien. Sie setzt sich fort, während Sie Ihr Portfolio verwalten, optimieren und ausbauen. Jede Entscheidung trägt zu Ihrem langfristigen Ergebnis bei.

Dieses Kapitel markiert den Übergang vom aktiven Investieren zum strategischen Vermögensaufbau. Hier beginnen Sie, das volle Potenzial dessen zu erkennen, was Sie geschaffen haben. Ihr Airbnb-Portfolio ist nicht länger nur eine Einkommensquelle – es wird zu einem Instrument für langfristige finanzielle Freiheit.

Langfristiger Vermögensaufbau mit Einem Airbnb-Portfolio

Betrachten wir ein detailliertes Beispiel dafür, wie ein Airbnb-Portfolio im Laufe der Zeit Vermögen schaffen kann. Stellen Sie sich vor, Sie erwerben innerhalb von drei Jahren drei Immobilien. Jede Immobilie wird für 300.000 US-Dollar gekauft und mit einer Anzahlung von 20 % beziehungsweise 60.000 US-Dollar finanziert.

Ihre Gesamtinvestition in diese drei Immobilien beträgt 180.000 US-Dollar. Jede Immobilie generiert einen monatlichen Cashflow von 400 US-Dollar, wodurch sich ein gesamter monatlicher Cashflow von 1.200 US-Dollar beziehungsweise 14.400 US-Dollar pro Jahr ergibt.

Betrachten wir nun die Wertsteigerung. Wenn jede Immobilie durchschnittlich um 4 % pro Jahr an Wert gewinnt, steigt der Wert jeder Immobilie nach fünf Jahren auf ungefähr 365.000 US-Dollar. Über alle drei Immobilien hinweg wächst Ihr Portfolio von ursprünglich 900.000 US-Dollar auf etwa 1.095.000 US-Dollar.

Gleichzeitig sinken Ihre Darlehenssalden durch regelmäßige Zahlungen. Wenn jedes Darlehen innerhalb von fünf Jahren um 25.000 US-Dollar reduziert wird, ergibt sich eine gesamte Darlehensreduzierung von 75.000 US-Dollar über alle drei Immobilien hinweg. Dadurch wächst Ihr Eigenkapital zusätzlich.

Betrachten wir nun Ihre gesamte Eigenkapitalposition. Nach fünf Jahren sind Ihre Immobilien 1.095.000 US-Dollar wert, während Ihre verbleibenden Darlehenssalden ungefähr 675.000 US-Dollar betragen. Dies ergibt ein Gesamteigenkapital von 420.000 US-Dollar.

Zusätzlich zum Eigenkapitalwachstum akkumuliert sich Ihr Cashflow. Über fünf Jahre hinweg erzeugt Ihr jährlicher Cashflow von 14.400 US-Dollar insgesamt 72.000 US-Dollar an Einnahmen.

Nun betrachten wir Optimierung. Wenn Sie Ihren durchschnittlichen Übernachtungspreis oder Ihre Auslastung im Laufe der Zeit erhöhen, steigt Ihr Cashflow weiter an. Wenn beispielsweise der monatliche Cashflow pro Immobilie von 400 auf 500 US-Dollar wächst, erhöht sich Ihr gesamter monatlicher Cashflow auf 1.500 US-Dollar beziehungsweise 18.000 US-Dollar pro Jahr.

Betrachten wir nun eine Refinanzierung. Durch steigende Immobilienwerte und wachsendes Eigenkapital könnten Sie sich entscheiden, eine oder mehrere Immobilien zu refinanzieren. Wenn Sie beispielsweise 50.000 US-Dollar Eigenkapital entnehmen, können Sie dieses Kapital nutzen, um eine weitere Immobilie zu erwerben und Ihr Portfolio weiter auszubauen.

Mit der Zeit setzt sich dieser Prozess fort. Ihre Immobilien generieren Einkommen, gewinnen an Wert und bauen Eigenkapital auf. Ihr Portfolio wächst, und Ihre finanzielle Position verbessert sich kontinuierlich.

Betrachten wir nun ein langfristiges Halteszenario. Nach 15 bis 20 Jahren könnten Ihre Darlehen weitgehend reduziert oder vollständig abbezahlt sein. Zu diesem Zeitpunkt generieren Ihre Immobilien Einkommen bei minimaler oder gar keiner Verschuldung, was zu einem erheblichen Cashflow führt.

Wenn beispielsweise jede Immobilie monatlich 2.500 US-Dollar Bruttoeinnahmen erzielt und Ihre Ausgaben aufgrund geringerer Verschuldung sinken, kann Ihr Nettoeinkommen deutlich höher ausfallen. Über mehrere Immobilien hinweg entsteht daraus ein erheblicher Einkommensstrom.

Dieses Beispiel zeigt, wie Airbnb-Investitionen im Laufe der Zeit Vermögen schaffen können. Es geht nicht nur um sofortige Renditen, sondern um die kumulative Wirkung von Einkommen, Wertsteigerung und Eigenkapitalaufbau.

Die wichtigste Erkenntnis ist, dass Ihr Portfolio ein langfristiger Vermögenswert ist. Durch effektives Management und strategische Entscheidungen können Sie ein System schaffen, das Ihre finanziellen Ziele über viele Jahre hinweg unterstützt.

Ihr erster Deal war der Anfang. Ihr Portfolio ist die Fortsetzung. Und Ihre langfristige Strategie ist das, was Ihre Bemühungen in nachhaltigen Wohlstand verwandelt.

Kapitel 12

Der Komplette Airbnb-Investitionsleitfaden – Vom Anfänger zum Fortgeschrittenen Investor

Am Ende dieses Buches haben Sie nun jede Phase der Airbnb-Hypotheken- und Investitionsreise durchlaufen. Sie haben damit begonnen zu verstehen, wie Finanzierung funktioniert, wie Sie sich qualifizieren und wie Sie Ihren ersten Deal bewerten. Sie haben gelernt, wie man Darlehen strukturiert, die Anfangsinvestition reduziert, die richtige Denkweise entwickelt, kostspielige Fehler vermeidet und eine Immobilie in einen beständigen Einkommensgenerator verwandelt. Anschließend haben Sie sich mit Skalierung, fortgeschrittenen Finanzierungsstrategien und langfristigem Vermögensaufbau beschäftigt. Dieses abschließende Kapitel führt nun alles in einem vollständigen, wiederholbaren Leitfaden zusammen, den Sie immer wieder anwenden können.

Das Ziel dieses Kapitels besteht nicht darin, neue Konzepte einzuführen, sondern alles, was Sie gelernt haben, in ein klares System zu integrieren. Dieses System ermöglicht es Ihnen, sich mit Selbstvertrauen und Beständigkeit vom Anfänger zum fortgeschrittenen Investor zu entwickeln. Es wurde entwickelt, um Verwirrung zu beseitigen, Zögern zu reduzieren und Ihnen einen klaren Schritt-für-Schritt-Prozess an die Hand zu geben.

Die erste Phase dieses Leitfadens ist die Vorbereitung. Hier beginnt jeder erfolgreiche Deal. Vorbereitung umfasst das Verständnis Ihrer finanziellen Situation, die Überprüfung Ihrer Bonität, den Aufbau von Rücklagen und die Definition Ihrer Ziele. Bevor Sie überhaupt nach Immobilien suchen, müssen Sie wissen, wozu Sie finanziell in der Lage sind. Das bedeutet zu verstehen, wie viel Kapital Sie investieren können, für welche Darlehensprogramme Sie sich qualifizieren und welches Risikoniveau für Sie akzeptabel ist.

Zur Vorbereitung gehört auch Bildung. Zu diesem Zeitpunkt verstehen Sie wichtige Kennzahlen wie Cashflow, Ausgaben und Einkommensprognosen. Sie wissen, wie man Deals analysiert und Chancen bewertet. Dieses Wissen ermöglicht es Ihnen, mit Zuversicht voranzugehen.

Die zweite Phase ist die Auswahl Ihrer Strategie. Hier entscheiden Sie, wie Sie Ihren ersten oder nächsten Deal angehen werden. Werden Sie ein konventionelles Darlehen, ein DSCR-Darlehen oder eine alternative Finanzierungsform nutzen? Werden Sie eine Strategie mit geringer Anzahlung verfolgen, einen Zweitwohnsitz finanzieren oder eine klassische Investitionsimmobilie erwerben? Ihre Strategie sollte mit Ihrer finanziellen Situation und Ihren langfristigen Zielen übereinstimmen.

Sobald Ihre Strategie festgelegt ist, beginnt die dritte Phase: die Deal-Suche. In dieser Phase suchen Sie aktiv nach Immobilien, die Ihren Kriterien entsprechen. Dieser Prozess sollte systematisch erfolgen. Anstatt wahllos nach Immobilien zu suchen, sollten Sie sich auf bestimmte Märkte, Preisklassen und Immobilientypen konzentrieren, die zu Ihrer Strategie passen.

Sobald Sie potenzielle Deals identifiziert haben, folgt die vierte Phase: die Analyse. Hier wenden Sie die Zahlen an. Sie bewerten das Einkommenspotenzial, schätzen die Ausgaben, berechnen den Cashflow und entscheiden, ob der Deal Ihren Anforderungen entspricht. Diese Phase ist entscheidend, da sie schwache Deals herausfiltert und starke Chancen hervorhebt.

Die fünfte Phase ist die Strukturierung. Sobald Sie einen geeigneten Deal identifiziert haben, beginnen Sie, ihn so zu gestalten, dass sein Potenzial maximiert wird. Dies kann die Anpassung Ihrer Anzahlung, die Auswahl des richtigen Darlehensprogramms, die Verhandlung des Kaufpreises oder die Optimierung Ihrer Einkommensstrategie umfassen. Die Strukturierung stellt sicher, dass der Deal sowohl genehmigungsfähig als auch profitabel ist.

Die sechste Phase ist die Umsetzung. Hier setzen Sie die Transaktion in die Tat um. Sie reichen Ihr Angebot ein, sichern die Finanzierung, führen Inspektionen durch und navigieren durch den Abschlussprozess. Diese Phase erfordert Organisation, schnelle Reaktionsfähigkeit und eine enge Zusammenarbeit mit Ihrem Team.

Nach dem Abschluss beginnt die siebte Phase: Einrichtung und Markteinführung. Dazu gehören die Möblierung der Immobilie, die Erstellung Ihres Inserats, die Entwicklung Ihrer Preisstrategie und die Vorbereitung auf die ersten Gäste. Diese Phase verwandelt Ihre Immobilie von einem statischen Vermögenswert in eine aktive Einkommensquelle.

Die achte Phase ist die Optimierung. Sobald Ihre Immobilie in Betrieb ist, beginnen Sie damit, ihre Leistung kontinuierlich zu verbessern. Sie analysieren Daten, passen Preise an, optimieren Ihr Inserat und verbessern das Gästeerlebnis.

Diese Phase endet nie und ermöglicht es Ihnen, Ihre Ergebnisse kontinuierlich zu maximieren.

Die neunte Phase ist die Stabilisierung. Mit der Zeit erreicht Ihre Immobilie einen Punkt, an dem ihre Leistung konstant wird. Die Auslastung stabilisiert sich, Ihre Preisstrategie wird verfeinert und Ihre Abläufe laufen reibungslos. Diese Phase schafft die Grundlage für die Skalierung.

Die zehnte Phase ist die Skalierung. Mit dem Wissen, den Systemen und dem Kapital, die Sie aufgebaut haben, beginnen Sie, weitere Immobilien zu erwerben. Jede neue Immobilie folgt demselben Leitfaden, wodurch Sie Ihr Portfolio systematisch erweitern können.

Die elfte Phase ist der Vermögensaufbau. Mit dem Wachstum Ihres Portfolios konzentrieren Sie sich auf langfristige Strategien wie Refinanzierungen, Eigenkapitalwachstum und Reinvestitionen. Diese Phase verwandelt Ihr Portfolio in einen langfristigen Vermögenswert, der Ihre finanziellen Ziele unterstützt.

Die letzte Phase ist die Optimierung auf Portfolioebene. In diesem Stadium konzentrieren Sie sich nicht mehr auf einzelne Immobilien, sondern auf Ihr gesamtes Portfolio. Sie analysieren die Leistung aller Vermögenswerte, nehmen strategische Anpassungen vor und verfeinern Ihren Gesamtansatz.

Dieser Leitfaden ist kein einmaliger Prozess. Er ist ein Kreislauf. Jeder abgeschlossene Deal stärkt das System und macht Sie effizienter und erfolgreicher. Mit der Zeit verbessern sich Ihre Umsetzungsfähigkeit, Ihr Selbstvertrauen wächst und Ihre Ergebnisse verstärken sich gegenseitig.

Einer der wichtigsten Aspekte dieses Leitfadens ist Beständigkeit. Erfolg im Airbnb-Investieren entsteht nicht durch einen einzigen Deal, sondern durch wiederholte Umsetzung. Indem Sie dieses System konsequent anwenden, schaffen Sie eine Dynamik, die langfristiges Wachstum fördert.

Ein weiterer wichtiger Bestandteil ist Anpassungsfähigkeit. Obwohl dieser Leitfaden Struktur bietet, muss er flexibel angewendet werden. Märkte verändern sich, Chancen entwickeln sich weiter und Ihre Ziele können sich verändern. Die Fähigkeit, Ihren Ansatz anzupassen und gleichzeitig Ihren Grundprinzipien treu zu bleiben, ist entscheidend.

Ihre Denkweise bleibt während des gesamten Prozesses ein entscheidender Erfolgsfaktor. Disziplin, Geduld und die Bereitschaft zu lernen ermöglichen es Ihnen, kontinuierlich voranzukommen. Herausforderungen werden auftreten, doch Ihre Fähigkeit, mit ihnen umzugehen, bestimmt Ihren Erfolg.

Auch Ihr Team spielt eine zentrale Rolle. Die Zusammenarbeit mit erfahrenen Fachleuten wie Kreditgebern, Immobilienmaklern und Dienstleistern unterstützt Ihre Umsetzung und reduziert Risiken. Mit dem Wachstum Ihres Portfolios wird Ihr Team zu einer Erweiterung Ihres Systems.

Technologie und Automatisierung steigern Ihre Effizienz zusätzlich. Werkzeuge für Preisgestaltung, Kommunikation und Verwaltung ermöglichen es Ihnen, auf einem höheren Niveau zu operieren, ohne Ihren Arbeitsaufwand zu erhöhen. Diese Systeme erleichtern eine effektive Skalierung.

Letztendlich stellt dieser Leitfaden ein vollständiges System für Airbnb-Investitionen dar. Er soll Sie von Ihrem ersten Deal bis zu einem vollständig entwickelten Portfolio begleiten. Er bietet Klarheit, Struktur und Orientierung.

Ihre Reise als Investor ist fortlaufend. Jeder Deal baut auf dem vorherigen auf und erzeugt einen Verstärkungseffekt, der Ihr Wachstum beschleunigt. Der Schlüssel liegt darin, das Gelernte konsequent anzuwenden und auf Ihre Ziele fokussiert zu bleiben.

Sie verfügen nun über alles, was Sie für den Erfolg benötigen. Das Wissen, die Strategien und das System sind vorhanden. Der nächste Schritt ist die Umsetzung. Wenn Sie diesem Leitfaden folgen, können Sie mit Zuversicht voranschreiten und ein Portfolio aufbauen, das Ihre finanzielle Zukunft unterstützt.

Anwendung des Vollständigen Airbnb-Investitionsleitfadens

Betrachten wir ein umfassendes Beispiel, das zeigt, wie dieser Leitfaden in der Praxis funktioniert. Stellen Sie sich vor, Sie beginnen mit 50.000 US-Dollar verfügbarem Kapital und dem Ziel, innerhalb von fünf Jahren ein Portfolio aufzubauen.

Im ersten Jahr nutzen Sie eine Strategie mit geringer Anzahlung und erwerben Ihre erste Immobilie für 300.000 US-Dollar mit einer Anzahlung von 10 %, also 30.000 US-Dollar. Ihre Gesamtinvestition einschließlich Abschlusskosten und Einrichtung beträgt 45.000 US-Dollar. Die Immobilie generiert einen monatlichen Cashflow von 300 US-Dollar beziehungsweise 3.600 US-Dollar pro Jahr.

Im zweiten Jahr sparen Sie weitere 20.000 US-Dollar und kombinieren diese mit Ihrem Cashflow. Sie erwerben eine zweite Immobilie für 280.000 US-Dollar mit einer Anzahlung von 15 %, also 42.000 US-Dollar. Ihre Gesamtinvestition beträgt 55.000 US-Dollar. Diese Immobilie generiert einen monatlichen Cashflow von 350 US-Dollar.

Ihr kombinierter monatlicher Cashflow beträgt nun 650 US-Dollar beziehungsweise 7.800 US-Dollar pro Jahr.

Im dritten Jahr steigt der Wert Ihrer ersten Immobilie, sodass Sie refinanzieren und 20.000 US-Dollar Eigenkapital entnehmen können. Zusammen mit Ihren Ersparnissen erwerben Sie eine dritte Immobilie für 320.000 US-Dollar mit einer Anzahlung von 20 %. Diese Immobilie generiert einen monatlichen Cashflow von 400 US-Dollar.

Ihr gesamter monatlicher Cashflow beträgt nun 1.050 US-Dollar beziehungsweise 12.600 US-Dollar pro Jahr.

Im vierten Jahr optimieren Sie Ihre Immobilien weiter, erhöhen Ihre durchschnittlichen Übernachtungspreise und verbessern die Auslastung. Der Cashflow jeder Immobilie steigt um 50 US-Dollar pro Monat, wodurch Ihr gesamtes monatliches Einkommen auf 1.200 US-Dollar wächst. Sie erwerben eine vierte Immobilie durch eine Kombination aus Ersparnissen und Eigenkapital und erhöhen Ihren monatlichen Cashflow um weitere 400 US-Dollar. Ihr gesamtes monatliches Einkommen beträgt nun 1.600 US-Dollar beziehungsweise 19.200 US-Dollar pro Jahr.

Im fünften Jahr wiederholen Sie den Prozess, erwerben eine fünfte Immobilie und erhöhen Ihren gesamten monatlichen Cashflow auf ungefähr 2.000 US-Dollar beziehungsweise 24.000 US-Dollar pro Jahr.

Betrachten wir nun den Gesamtwert Ihres Portfolios. Durch Wertsteigerungen könnten Ihre Immobilien nun einen Wert von mehr als 1,5 Millionen US-Dollar besitzen. Ihr Eigenkapital wächst kontinuierlich weiter, und Ihre Einnahmen schaffen finanzielle Flexibilität.

Mit der Zeit sinken Ihre Darlehenssalden, Ihre Einnahmen steigen und Ihr Portfolio entwickelt sich zu einem bedeutenden Vermögenswert. Genau hierin liegt die Kraft eines konsequent angewendeten Leitfadens.

Dieses Beispiel zeigt, wie der Start mit einem einzigen Deal und die konsequente Anwendung eines strukturierten Systems zu erheblichem Wachstum führen können. Jede Phase baut auf der vorherigen auf und erzeugt Dynamik sowie verstärkte Ergebnisse.

Die wichtigste Erkenntnis lautet, dass Erfolg nicht zufällig entsteht. Er ist das Ergebnis der konsequenten Anwendung eines bewährten Prozesses. Indem Sie diesen Leitfaden umsetzen, können Sie sich vom Anfänger zum fortgeschrittenen Investor entwickeln und ein Portfolio aufbauen, das Ihre langfristigen Ziele unterstützt.

Ihre Reise endet nicht hier. Genau hier beginnt sie erst richtig.

Kapitel 13

Ein Professioneller Airbnb-Investor Werden – Systeme, Markenaufbau und Langfristige Marktführerschaft

In dieser Phase Ihrer Reise sind Sie kein Anfänger mehr. Sie haben gelernt, wie man Deals finanziert, Immobilien analysiert, Investitionen strukturiert, die Leistung optimiert und ein Portfolio skaliert. Nun verlagert sich der Fokus auf eine höhere Ebene – wie ein professioneller Investor zu agieren und eine dominante, langfristige Präsenz im Airbnb-Markt aufzubauen.

Ein professioneller Airbnb-Investor zu werden bedeutet nicht nur, mehrere Immobilien zu besitzen. Es bedeutet, Systeme zu schaffen, eine Marke aufzubauen und ein Maß an Beständigkeit zu etablieren, das Ihrem Unternehmen ermöglicht, effizient und skalierbar zu arbeiten. In dieser Phase entwickelt sich Ihr Portfolio zu einem echten Unternehmen.

Der erste große Wandel besteht darin, von der Verwaltung einzelner Immobilien zur Verwaltung von Systemen überzugehen. Wenn Sie eine oder zwei Immobilien besitzen, können Sie die meisten Aufgaben manuell erledigen. Mit dem Wachstum Ihres Portfolios wird dieser Ansatz jedoch nicht mehr tragfähig. Sie müssen Systeme schaffen, die Ihrem Unternehmen ermöglichen, reibungslos zu funktionieren, ohne dass Ihre ständige direkte Beteiligung erforderlich ist.

Zu diesen Systemen gehören standardisierte Prozesse für Gästekommunikation, Reinigung, Wartung, Preisgestaltung und Buchungsmanagement. Jeder Prozess sollte klar definiert, wiederholbar und auf Effizienz optimiert sein. Das Ziel besteht darin, einen Rahmen zu schaffen, der unabhängig von der Anzahl Ihrer Immobilien konsistente Ergebnisse liefert.

Automatisierung spielt bei diesem Übergang eine entscheidende Rolle. Werkzeuge zur Automatisierung von Nachrichten, Preisanpassungen, Kalendersynchronisierung und Aufgabenmanagement ermöglichen es Ihnen, den manuellen Aufwand zu reduzieren und gleichzeitig eine hohe Leistung aufrechtzuerhalten. Automatisierung ersetzt Ihre Beteiligung nicht – sie steigert Ihre Effizienz.

Ein weiterer entscheidender Bestandteil ist die Delegation. Als professioneller Investor sollte Ihre Zeit auf wertschöpfende Aktivitäten konzentriert sein, beispielsweise auf den Erwerb neuer Immobilien, die Optimierung Ihrer Strategie und die

Verwaltung Ihres Portfolios. Aufgaben wie Reinigung, Wartung und routinemäßige Kommunikation können an zuverlässige Teammitglieder delegiert werden.

Der Aufbau eines starken Teams ist unverzichtbar. Dazu gehören Reinigungskräfte, Wartungsspezialisten, Immobilienverwalter und möglicherweise virtuelle Assistenten. Jedes Mitglied Ihres Teams trägt zur Gesamtleistung Ihres Unternehmens bei. Die Auswahl der richtigen Personen und die Festlegung klarer Erwartungen sorgen dafür, dass Ihre Abläufe reibungslos funktionieren.

Der Markenaufbau ist ein weiterer Bereich, in dem sich professionelle Investoren deutlich unterscheiden. Die meisten Anfänger betreiben einzelne Immobilien als eigenständige Inserate. Professionelle Investoren schaffen hingegen eine Marke – eine wiedererkennbare Identität, die sich über mehrere Immobilien erstreckt.

Ihre Marke repräsentiert Ihre Standards, Ihren Stil und das Erlebnis, das Sie Ihren Gästen bieten. Sie schafft Vertrauen und Wiedererkennung, was zu wiederkehrenden Buchungen und höheren Auslastungsraten führen kann. Markenbildung kann konsistente Designelemente, Namenskonventionen und ein einheitliches Gästeerlebnis über das gesamte Portfolio hinweg umfassen.

Beispielsweise könnten Sie eine Marke entwickeln, die sich auf Luxusaufenthalte, familienfreundliche Unterkünfte oder einzigartige Erlebnisse konzentriert. Jede Immobilie in Ihrem Portfolio spiegelt diese Identität wider und schafft für Gäste ein zusammenhängendes und einprägsames Erlebnis.

Der Markenaufbau erstreckt sich auch auf Ihre Online-Präsenz. Dazu können eine eigene Website, Social-Media-Profile und direkte Buchungskanäle gehören. Plattformen wie Airbnb sind zwar leistungsstark, doch eine eigene Präsenz verschafft Ihnen zusätzliche Kontrolle und weitere Wachstumsmöglichkeiten.

Ein weiterer wichtiger Aspekt von Professionalität ist das Datenmanagement. Mit dem Wachstum Ihres Portfolios sammeln Sie wertvolle Daten zu Auslastungsraten, Preisentwicklungen, Gästewünschen und operativer Leistung. Die Analyse dieser Daten ermöglicht es Ihnen, fundierte Entscheidungen zu treffen und Ihre Ergebnisse kontinuierlich zu verbessern.

Beispielsweise können Sie Buchungsmuster erkennen, die Ihnen helfen, Ihre Preisstrategien effektiver anzupassen. Sie können herausfinden, welche Immobilientypen oder Standorte die besten Ergebnisse liefern, und diese Erkenntnisse für zukünftige Akquisitionen nutzen. Daten werden zu einem strategischen Vermögenswert, der Ihr Wachstum unterstützt.

Auch das Finanzmanagement wird komplexer und wichtiger. Die Verfolgung von Einnahmen, Ausgaben und Rentabilität über mehrere Immobilien hinweg erfordert Organisation und Disziplin. Professionelle Investoren nutzen häufig Buchhaltungssysteme oder spezialisierte Software, um ihre Finanzen effizient zu verwalten und jederzeit den Überblick zu behalten.

Das Cashflow-Management ist dabei von zentraler Bedeutung. Mit steigenden Einnahmen wachsen auch Ihre Ausgaben und Verantwortlichkeiten. Sicherzustellen, dass Ihr Portfolio profitabel bleibt und ausreichende Rücklagen vorhanden sind, schützt Ihr Unternehmen und unterstützt weiteres Wachstum.

Ein weiterer Schlüsselfaktor ist die Skalierbarkeit. Professionelle Investoren entwickeln ihre Systeme und Strategien stets mit Blick auf Wachstum. Das bedeutet, Prozesse zu schaffen, die zusätzliche Immobilien bewältigen können, ohne den Arbeitsaufwand oder die Komplexität erheblich zu erhöhen.

Die Verwendung standardisierter Möblierungspakete, einheitlicher Inseratsvorlagen und wiederholbarer

Akquisitionskriterien ermöglicht beispielsweise eine effizientere Skalierung. Jede neue Immobilie fügt sich in ein bestehendes System ein, anstatt einen völlig neuen Ansatz zu erfordern.

Die Marktpositionierung ist ebenfalls von großer Bedeutung. Als professioneller Investor identifizieren Sie bestimmte Nischen oder Marktsegmente, in denen Sie besonders erfolgreich sein können. Dies kann die Ausrichtung auf bestimmte Gästetypen, spezifische Standorte oder einzigartige Erlebnisse umfassen.

Positionierung ermöglicht es Ihnen, sich von Wettbewerbern abzuheben und höhere Preise zu verlangen. Anstatt ausschließlich über den Preis zu konkurrieren, konkurrieren Sie über Wert, Erlebnis und Beständigkeit.

Risikomanagement bleibt auf diesem Niveau unverzichtbar. Mit dem Wachstum Ihres Portfolios steigt auch Ihre Anfälligkeit für Marktschwankungen, regulatorische Veränderungen und operative Herausforderungen. Die Diversifizierung Ihrer Immobilien, starke Rücklagen und die kontinuierliche Beobachtung der Marktbedingungen helfen dabei, diese Risiken zu reduzieren.

Langfristige Planung wird zunehmend strategischer. Sie beginnen, Ihr Portfolio als Ganzes zu betrachten, anstatt sich auf einzelne Immobilien zu konzentrieren. Dazu gehört die Analyse der Gesamtleistung Ihrer Vermögenswerte, die Identifikation von Verbesserungsmöglichkeiten und die Ausrichtung aller Entscheidungen auf Ihre langfristigen Ziele.

Auch Exit-Strategien werden anspruchsvoller. Sie können den Verkauf einzelner Immobilien, Refinanzierungen zur Nutzung von Eigenkapital oder den Übergang zu größeren Investitionen in Betracht ziehen. Ihr Portfolio bietet Ihnen Flexibilität und ermöglicht es Ihnen, Ihre Strategie im Laufe der Zeit anzupassen.

Ein weiterer wichtiger Aspekt professionellen Handelns ist Beständigkeit. Gäste erwarten ein bestimmtes Qualitätsniveau und ein konsistentes Erlebnis. Diese Standards über alle Immobilien hinweg aufrechtzuerhalten, ist entscheidend. Beständigkeit schafft Vertrauen, was wiederum zu besseren Bewertungen und wiederkehrenden Buchungen führt.

Ihre Denkweise konzentriert sich auf Wachstum, Effizienz und langfristigen Erfolg. Sie reagieren nicht mehr nur auf Chancen – Sie schaffen sie aktiv. Sie lernen nicht mehr die Grundlagen – Sie verfeinern Ihren Ansatz kontinuierlich.

Letztendlich bedeutet es, ein professioneller Airbnb-Investor zu werden, ein Unternehmen aufzubauen, das effizient arbeitet, nachhaltig wächst und beständige Ergebnisse liefert. Es bedeutet, über einzelne Transaktionen hinauszugehen und ein System zu schaffen, das Ihre langfristige Vision unterstützt.

Ihre Reise hat sich vom Anfänger zum professionellen Investor entwickelt. Sie verfügen nun über das Wissen, die Erfahrung und die Werkzeuge, um auf hohem Niveau zu agieren. Der nächste Schritt besteht darin, diese Prinzipien weiterhin anzuwenden und Ihr Portfolio mit Zuversicht auszubauen.

Skalierung zu einem Professionellen Airbnb-Portfolio mit Systemen und Markenaufbau

Betrachten wir ein detailliertes Beispiel dafür, wie ein Investor den Übergang zu einem professionellen Airbnb-Portfolio vollzieht. Stellen Sie sich vor, Sie haben Ihr Portfolio über mehrere Jahre auf sechs Immobilien erweitert. Jede Immobilie wurde für durchschnittlich 300.000 US-Dollar erworben, wodurch sich ein Gesamtportfoliowert von 1,8 Millionen US-Dollar ergibt.

Ihre durchschnittliche Anzahlung betrug 20 %, was einer Gesamtinvestition von 360.000 US-Dollar entspricht. Jede

Immobilie generiert nach Abzug aller Kosten durchschnittlich 450 US-Dollar monatlichen Cashflow. Dadurch entsteht ein gesamter monatlicher Cashflow von 2.700 US-Dollar beziehungsweise 32.400 US-Dollar pro Jahr.

Als professioneller Investor beginnen Sie nun, Systeme und Markenstrategien einzuführen, um die Leistung zu verbessern. Durch bessere Preisstrategien, optimierte Inserate und ein verbessertes Gästeerlebnis erhöhen Sie Ihren durchschnittlichen Übernachtungspreis um 15 US-Dollar über alle Immobilien hinweg.

Wenn jede Immobilie durchschnittlich 21 gebuchte Nächte pro Monat erzielt, führt diese Preissteigerung zu zusätzlichen Einnahmen von 315 US-Dollar pro Immobilie und Monat. Über sechs Immobilien hinweg entspricht dies zusätzlichen monatlichen Einnahmen von 1.890 US-Dollar.

Nach Berücksichtigung zusätzlicher Kosten ergibt sich ein Nettoanstieg Ihres Cashflows von etwa 1.200 US-Dollar pro Monat. Ihr gesamter monatlicher Cashflow steigt somit auf 3.900 US-Dollar beziehungsweise 46.800 US-Dollar pro Jahr.

Anschließend implementieren Sie Automatisierung und Delegation. Durch den Einsatz eines Teams und moderner Verwaltungstools reduzieren Sie Ihren persönlichen

Zeitaufwand erheblich, ohne die Leistung zu beeinträchtigen. Dadurch können Sie sich auf den Erwerb weiterer Immobilien konzentrieren.

Sie erwerben eine siebte Immobilie durch eine Kombination aus Ersparnissen und Eigenkapital. Diese Immobilie generiert zusätzliche 500 US-Dollar monatlichen Cashflow, wodurch Ihr gesamtes monatliches Einkommen auf 4.400 US-Dollar beziehungsweise 52.800 US-Dollar pro Jahr steigt.

Betrachten wir nun die langfristigen Auswirkungen. Ihre Immobilien gewinnen weiterhin an Wert und erhöhen Ihr Eigenkapital. Ihre Einnahmen steigen durch kontinuierliche Optimierung. Ihre Systeme ermöglichen es Ihnen, zusätzliche Immobilien zu verwalten, ohne Ihren Arbeitsaufwand wesentlich zu erhöhen.

Mit der Zeit entwickelt sich Ihr Portfolio zu einem strukturierten Unternehmen mit konstanten Einnahmen, starken Systemen und skalierbaren Abläufen. Ihre Marke zieht Stammgäste an, Ihre Daten unterstützen Ihre Entscheidungen und Ihr Team fördert Ihr Wachstum.

Dieses Beispiel zeigt, wie der Übergang auf professionelles Niveau sowohl Ihr Einkommen als auch Ihre Effizienz steigert. Durch den Fokus auf Systeme, Markenaufbau und

Optimierung schaffen Sie ein Portfolio, das auf einem deutlich höheren Niveau operiert.

Die wichtigste Erkenntnis lautet, dass Wachstum nicht nur bedeutet, weitere Immobilien hinzuzufügen. Es bedeutet, die Art und Weise zu verbessern, wie Ihr Portfolio funktioniert. Wenn Sie Skalierung mit Effizienz kombinieren, schaffen Sie ein leistungsstarkes und nachhaltiges Unternehmen.

Ihre Reise als Airbnb-Investor hat nun eine neue Ebene erreicht. Sie nehmen nicht mehr nur am Markt teil – Sie übernehmen eine führende Rolle innerhalb dieses Marktes.

Kapitel 14

Marktzyklen, Risiken und Widerstandsfähigkeit bei Airbnb-Investitionen Meistern

In diesem Stadium Ihrer Reise wird Ihr Erfolg nicht mehr dadurch bestimmt, ob Sie Deals finden und abschließen können. Das können Sie bereits. Die eigentliche Frage lautet nun, ob Sie Ihr Portfolio durch wechselnde Marktbedingungen hindurch erhalten, schützen und weiter ausbauen können. Genau hier trennt sich der wahre Investor vom kurzfristigen Marktteilnehmer. Märkte bewegen sich nicht in einer geraden Linie. Sie verändern sich, expandieren, ziehen sich zusammen und entwickeln sich weiter. Ihre Fähigkeit, diese Zyklen erfolgreich zu durchlaufen, bestimmt Ihren langfristigen Erfolg.

Airbnb-Investitionen werden – wie jede Form von Immobilieninvestitionen – von den allgemeinen wirtschaftlichen Rahmenbedingungen beeinflusst. Zinssätze steigen und fallen, die Reiselust schwankt, Vorschriften ändern sich und der Wettbewerb nimmt zu oder ab. Zu verstehen, dass diese Zyklen normal sind, ist der erste Schritt.

Das Ziel besteht nicht darin, Marktzyklen zu vermeiden, sondern sich auf sie vorzubereiten und sie zu Ihrem Vorteil zu nutzen.

Das erste Konzept, das Sie verstehen müssen, ist, dass jeder Markt verschiedene Phasen durchläuft. Es gibt Expansionsphasen, in denen die Nachfrage hoch ist, die Auslastung stark bleibt und die Immobilienwerte steigen. Dies sind häufig die Zeiten, in denen neue Investoren in den Markt eintreten und Chancen scheinbar überall vorhanden sind. Auf jede Expansion folgt jedoch irgendwann eine Stabilisierung oder Kontraktion, in der sich das Wachstum verlangsamt, der Wettbewerb zunimmt und die Gewinnmargen schrumpfen.

In starken Märkten fällt es leicht, selbstbewusst und aggressiv zu werden. Deals scheinen einfacher, Einkommensprognosen sehen hervorragend aus und Finanzierungen sind oft leichter verfügbar. Doch genau in diesen Phasen ist Disziplin am wichtigsten. Zu hohe Kaufpreise, übertriebene Einkommensannahmen oder übermäßiger Fremdkapitaleinsatz können erhebliche Probleme verursachen, sobald sich die Marktbedingungen ändern.

In schwächeren Märkten erscheinen Chancen oft weniger offensichtlich. Die Auslastung kann sinken, Preise können nachgeben und manche Investoren verlassen den Markt. Auch wenn dies zunächst schwierig wirkt, entstehen gerade in solchen Phasen häufig die besten Gelegenheiten. Immobilien werden erschwinglicher, der Wettbewerb nimmt ab und disziplinierte Investoren können sich für den nächsten Wachstumszyklus positionieren.

Ihre Aufgabe als Investor besteht darin, unabhängig von den Marktbedingungen konsequent zu bleiben. Das bedeutet, dieselben Prinzipien der Analyse, Strukturierung und Disziplin sowohl in starken als auch in schwachen Märkten anzuwenden. Es bedeutet, emotionale Entscheidungen zu vermeiden und sich auf eine langfristige Strategie zu konzentrieren.

Mit dem Wachstum Ihres Portfolios gewinnt das Risikomanagement noch stärker an Bedeutung. Risiko ist nichts, das vollständig eliminiert werden kann – es muss kontrolliert werden. Eine der effektivsten Methoden zur Risikokontrolle ist konservatives Underwriting. Das bedeutet, realistische Einkommensannahmen zu verwenden, Kostenpuffer einzuplanen und sicherzustellen, dass Ihre Immobilien auch unter weniger idealen Bedingungen funktionieren.

Anstatt beispielsweise mit Spitzenwerten bei Auslastung und Preisgestaltung zu kalkulieren, sollten Sie analysieren, wie sich

Ihre Immobilie bei durchschnittlichen oder leicht unterdurchschnittlichen Marktbedingungen entwickelt. Wenn der Deal auch unter diesen Bedingungen funktioniert, ist die Wahrscheinlichkeit höher, dass er langfristig stabil bleibt.

Eine weitere wichtige Risikomanagementstrategie besteht im Aufbau starker Rücklagen. Rücklagen schaffen ein finanzielles Polster, das es Ihnen ermöglicht, Zeiten geringerer Einnahmen, unerwartete Reparaturen oder vorübergehende Störungen zu überstehen. Mit dem Wachstum Ihres Portfolios sollte sich auch Ihre Rücklagenstrategie weiterentwickeln, sodass mehrere Immobilien und verschiedene Szenarien abgedeckt werden können.

Diversifikation ist ein weiterer zentraler Bestandteil von Widerstandsfähigkeit. Der Besitz mehrerer Immobilien in unterschiedlichen Standorten oder Märkten reduziert Ihre Abhängigkeit von lokalen Risiken. Wenn beispielsweise die Nachfrage in einem Markt zurückgeht, können andere Märkte stabil bleiben oder sogar wachsen.

Diversifikation kann sich auch auf Immobilientypen beziehen. Die Kombination kleinerer Immobilien mit größeren Objekten oder die Mischung städtischer Standorte mit Ferienregionen kann ein ausgewogeneres Portfolio schaffen. Dadurch wird die Abhängigkeit von einer einzigen Einkommensquelle reduziert.

Ein weiterer wichtiger Faktor ist das Bewusstsein für regulatorische Entwicklungen. Der Markt für Kurzzeitvermietungen unterliegt lokalen Vorschriften, die sich im Laufe der Zeit ändern können. Informiert zu bleiben und Immobilien in Regionen mit unterstützenden Regelungen auszuwählen, kann Ihre Investitionen schützen.

Flexibilität gehört zu den wertvollsten Eigenschaften, die Sie entwickeln können. Das bedeutet, Ihre Strategie an veränderte Bedingungen anzupassen. Wenn beispielsweise die Nachfrage nach Kurzzeitvermietungen in einem bestimmten Markt zurückgeht, können Sie auf mittelfristige oder langfristige Vermietungen umsteigen. Mehrere Exit-Strategien stellen sicher, dass Ihre Immobilie produktiv bleibt.

Zinssätze sind eine weitere wichtige Variable. Veränderungen bei den Zinssätzen beeinflussen Ihre Finanzierungskosten und Ihre Gesamtrentabilität. Wenn Sie verstehen, wie Ihre Darlehen strukturiert sind und wie sich Zinsänderungen auf Ihr Portfolio auswirken, können Sie bessere Entscheidungen treffen.

In einigen Fällen kann eine Refinanzierung während günstiger Zinsphasen Ihren Cashflow verbessern. In anderen Situationen bietet die langfristige Sicherung fester Zinssätze Stabilität und Schutz vor zukünftigen Erhöhungen.

Strategisches Schuldenmanagement ist ein wesentlicher Bestandteil langfristiger Widerstandsfähigkeit.

Ein weiterer wichtiger Aspekt beim Umgang mit Marktzyklen besteht darin, Chancen zu erkennen. In Zeiten der Unsicherheit ziehen sich manche Investoren zurück oder verlassen den Markt vollständig. Dies kann Chancen für diejenigen schaffen, die vorbereitet sind. Immobilien werden möglicherweise zu besseren Preisen angeboten und der Wettbewerb nimmt ab.

Um diese Chancen nutzen zu können, müssen Sie vorbereitet sein. Starke Rücklagen, Zugang zu Finanzierungsmöglichkeiten und eine klare Strategie ermöglichen es Ihnen zu handeln, wenn andere dazu nicht in der Lage sind. Genau hier zahlen sich Disziplin und Geduld aus.

Auch Ihre Denkweise spielt eine entscheidende Rolle. Emotionale Reaktionen auf Marktveränderungen führen häufig zu schlechten Entscheidungen. Angst kann dazu führen, dass Sie zögern, wenn Chancen entstehen, während übermäßiges Selbstvertrauen in starken Märkten zu unnötigen Risiken führen kann.

Eine langfristige Perspektive hilft Ihnen, auf Kurs zu bleiben. Immobilieninvestitionen drehen sich nicht um kurzfristige Schwankungen, sondern um nachhaltiges Wachstum über viele Jahre hinweg. Wenn Sie sich auf Ihre Gesamtstrategie konzentrieren, können Sie vorübergehende Herausforderungen bewältigen, ohne Ihre Richtung zu verlieren.

Ein weiteres wichtiges Konzept ist operative Widerstandsfähigkeit. Gut verwaltete, gepflegte und kontinuierlich optimierte Immobilien erzielen selbst unter schwierigen Marktbedingungen bessere Ergebnisse. Hochwertige Abläufe führen zu besseren Bewertungen, wiederkehrenden Gästen und einer stärkeren Gesamtleistung.

Technologie und Daten unterstützen ebenfalls die Widerstandsfähigkeit Ihres Portfolios. Die Überwachung wichtiger Kennzahlen, die Analyse von Trends und die Anpassung Ihrer Strategien auf Grundlage realer Daten ermöglichen es Ihnen, proaktiv statt reaktiv zu handeln.

Mit zunehmender Größe Ihres Portfolios wird Ihre Fähigkeit, Komplexität zu managen, zu einem entscheidenden Erfolgsfaktor. Mehr Immobilien bedeuten mehr Variablen, doch starke Systeme und Prozesse ermöglichen es Ihnen, Kontrolle und Beständigkeit aufrechtzuerhalten.

Letztendlich geht es bei der Beherrschung von Marktzyklen um Ausgewogenheit. Es geht darum, in starken Märkten vorbereitet und in schwächeren Phasen widerstandsfähig zu sein. Es geht darum, Disziplin zu bewahren, Risiken zu steuern und sich auf langfristige Ziele zu konzentrieren.

Ihre Reise als Airbnb-Investor wird nicht durch einen einzelnen Marktzyklus definiert. Sie wird durch Ihre Fähigkeit bestimmt, mehrere Marktzyklen erfolgreich zu durchlaufen. Durch den Aufbau eines widerstandsfähigen Portfolios schaffen Sie ein Fundament, das Veränderungen übersteht und weiterhin wächst.

Dieses Kapitel stellt die letzte Stufe der Meisterschaft dar. Hier gehen Sie über die reine Umsetzung hinaus und konzentrieren sich auf langfristige Strategie. Hier verbinden sich Ihre Erfahrung, Ihr Wissen und Ihre Disziplin zu nachhaltigem Erfolg.

Ein Airbnb-Portfolio Unter Verschiedenen Marktbedingungen Belastungstesten

Betrachten wir ein detailliertes Beispiel dafür, wie sich ein Airbnb-Portfolio unter unterschiedlichen Marktbedingungen entwickelt. Stellen Sie sich vor, Sie besitzen vier Airbnb-Immobilien, die jeweils für 300.000 US-Dollar erworben wurden. Ihr Gesamtportfolio hat einen Wert von 1,2 Millionen US-Dollar.

Unter normalen Bedingungen generiert jede Immobilie einen monatlichen Cashflow von 400 US-Dollar. Dadurch entsteht ein gesamter monatlicher Cashflow von 1.600 US-Dollar beziehungsweise 19.200 US-Dollar pro Jahr.

Betrachten wir nun ein starkes Marktumfeld. Die Auslastung steigt und Ihr durchschnittlicher Übernachtungspreis erhöht sich um 10 %. Dadurch steigen die monatlichen Einnahmen jeder Immobilie um etwa 300 US-Dollar. Ihr neuer Cashflow pro Immobilie beträgt nun 700 US-Dollar monatlich, was zu einem gesamten monatlichen Einkommen von 2.800 US-Dollar beziehungsweise 33.600 US-Dollar jährlich führt.

Während einer solchen Phase kann die Versuchung groß sein, mehr Geld auszugeben oder zusätzliche Risiken einzugehen. Ein disziplinierter Investor nutzt diese Zeit jedoch zum Aufbau von Rücklagen und zur Vorbereitung auf zukünftige Veränderungen.

Betrachten wir nun einen moderaten Abschwung. Die Auslastung sinkt um 10 %, und der durchschnittliche Übernachtungspreis fällt leicht. Die Einnahmen jeder Immobilie reduzieren sich um etwa 250 US-Dollar pro Monat.

Der Cashflow pro Immobilie beträgt nun nur noch 150 US-Dollar monatlich. Das gesamte monatliche Einkommen sinkt auf 600 US-Dollar beziehungsweise 7.200 US-Dollar pro Jahr.

Obwohl die Einnahmen zurückgegangen sind, generieren die Immobilien weiterhin positiven Cashflow. Dies ist das Ergebnis konservativen Underwritings und einer starken Deal-Strukturierung.

Betrachten wir nun ein schwerwiegenderes Szenario. Die Auslastung sinkt deutlich und die Einnahmen jeder Immobilie reduzieren sich um 500 US-Dollar pro Monat. Die Immobilien arbeiten nun nahe am Break-even-Punkt oder erzeugen leicht negativen Cashflow.

In diesem Szenario werden Ihre Rücklagen entscheidend. Wenn Sie für jede Immobilie sechs Monate Rücklagen aufgebaut haben, können Sie vorübergehende Defizite ohne finanziellen Stress überbrücken. Zusätzlich können Sie Ihre Strategie anpassen, indem Sie Preise senken, Ihr Marketing verbessern oder auf langfristigere Mietmodelle umsteigen.

Betrachten wir nun die Erholungsphase. Mit der Verbesserung der Marktbedingungen steigen Auslastung und Preise wieder an. Ihre Einnahmen wachsen erneut, und Ihre Immobilien kehren zu positivem Cashflow zurück. Im Laufe der Zeit stabilisiert sich Ihr Portfolio und setzt seinen Wachstumskurs fort.

Dieses Beispiel verdeutlicht die Bedeutung der Planung unterschiedlicher Szenarien. Wenn Sie verstehen, wie Ihr Portfolio unter verschiedenen Bedingungen funktioniert, können Sie fundierte Entscheidungen treffen und Stabilität bewahren.

Die wichtigste Erkenntnis lautet, dass Widerstandsfähigkeit durch Vorbereitung entsteht. Konservative Annahmen, starke Rücklagen und flexible Strategien ermöglichen es Ihnen, Marktveränderungen mit Zuversicht zu begegnen.

Ihr Portfolio ist nicht einfach eine Sammlung von Immobilien – es ist ein System, das darauf ausgelegt sein muss, Veränderungen standzuhalten. Indem Sie Marktzyklen meistern, stellen Sie sicher, dass Ihre Investitionen Ihre Ziele langfristig unterstützen.

Dies ist der letzte Schritt Ihrer Reise. Sie sind nun nicht nur darauf vorbereitet zu investieren, sondern auch darauf, Marktveränderungen zu überstehen, sich anzupassen und unter allen Bedingungen erfolgreich zu sein.

Kapitel 15

Ihr Vermächtnis-Leitfaden – Airbnb-Investitionen in Generationenübergreifenden Wohlstand und Freiheit Verwandeln

Sie haben nun das letzte Kapitel dieser Reise erreicht, und damit kommt ein Perspektivwechsel, der weit über Deals, Finanzierungen und sogar das Wachstum eines Portfolios hinausgeht. Dieses Kapitel handelt von Vermächtnis. Es geht darum, alles, was Sie aufgebaut haben – Ihr Wissen, Ihre Immobilien und Ihre Systeme – in etwas zu verwandeln, das weit über Ihre eigene Lebenszeit hinaus Bestand hat. Airbnb-Investitionen sind, wenn sie richtig umgesetzt werden, nicht nur ein Geschäftsmodell. Sie sind ein Instrument für generationenübergreifenden Wohlstand, finanzielle Unabhängigkeit und langfristige Wirkung.

Zu Beginn dieser Reise war Ihr Fokus einfach: Sie wollten verstehen, wie Sie anfangen können. Sie wollten lernen, wie Sie sich qualifizieren, wie Sie Ihre erste Immobilie kaufen und wie Sie Einkommen generieren. Heute ist Ihre Perspektive eine andere. Sie denken über Skalierung, Nachhaltigkeit und die langfristige Zukunft Ihres Portfolios nach. Die Frage lautet nicht mehr: „Wie fange ich an?“, sondern: „Wie erschaffe ich etwas, das dauerhaft Bestand hat?“

Das erste Konzept, das Sie verstehen müssen, ist, dass Wohlstand nicht durch eine einzelne Transaktion entsteht. Er entsteht durch Beständigkeit über einen langen Zeitraum. Jede Immobilie, die Sie erwerben, jede Verbesserung, die Sie umsetzen, und jede Entscheidung, die Sie treffen, trägt zu einem größeren System bei. Dieses System wird bei richtiger Verwaltung zu einer sich selbst tragenden Maschine aus Einkommen und Eigenkapital.

Ihr Airbnb-Portfolio ist mehr als eine Sammlung von Immobilien. Es ist ein Ökosystem. Jede Immobilie generiert Einkommen, baut Eigenkapital auf und stärkt Ihre gesamte finanzielle Position. Mit dem Wachstum dieses Ökosystems wächst auch seine Kraft. Der Schlüssel liegt darin, es mit Absicht, Klarheit und Disziplin zu führen.

Einer der wichtigsten Aspekte beim Aufbau eines Vermächtnisses ist Eigentum. Der Besitz einkommensproduzierender Vermögenswerte gibt Ihnen Kontrolle über Ihre finanzielle Zukunft. Im Gegensatz zu traditionellen Einkommensquellen, die von Zeit und persönlichem Einsatz abhängig sind, erzeugen Ihre Immobilien weiterhin Einnahmen, unabhängig davon, wie stark Sie täglich eingebunden sind. Dadurch entsteht Freiheit – die Freiheit zu entscheiden, wie Sie Ihre Zeit verbringen und wie Sie Ihr Leben gestalten möchten.

Eigentum allein reicht jedoch nicht aus. Sie müssen Ihre Vermögenswerte auch schützen und so strukturieren, dass ihre Langlebigkeit gewährleistet ist. Dazu kann die Gründung rechtlicher Gesellschaftsstrukturen, die Einrichtung geeigneter Versicherungen und die Zusammenarbeit mit Fachleuten gehören, um Risiken zu minimieren. Der Schutz Ihres Portfolios stellt sicher, dass es Herausforderungen übersteht und langfristig erfolgreich bleibt.

Ein weiterer entscheidender Bestandteil des Vermächtnisaufbaus ist Bildung. Das Wissen, das Sie auf dieser Reise erworben haben, gehört zu Ihren wertvollsten Vermögenswerten. Dieses Wissen mit Familienmitgliedern, Geschäftspartnern oder zukünftigen Generationen zu teilen, verlängert die Wirkung Ihrer Arbeit. Wenn andere verstehen, wie Ihr Portfolio verwaltet und weiterentwickelt wird, kann Ihr System auch in Zukunft erfolgreich funktionieren.

Ihr Portfolio kann außerdem so strukturiert werden, dass es zukünftige Generationen unterstützt. Dies kann die

Einrichtung von Treuhandstrukturen, Eigentumsmodellen oder klaren Nachfolgeplänen umfassen. Obwohl diese Entscheidungen zunächst weit entfernt erscheinen mögen, schafft frühzeitige Planung Klarheit und Sicherheit.

Ein weiterer wichtiger Aspekt ist die Nachhaltigkeit Ihres Einkommens. Mit dem Wachstum Ihres Portfolios werden Ihre Einnahmen stabiler und vorhersehbarer. Dadurch können Sie Entscheidungen auf Grundlage langfristiger Ziele treffen, anstatt auf kurzfristige Bedürfnisse reagieren zu müssen. Ob Sie Ihr Kapital reinvestieren, diversifizieren oder die Früchte Ihrer Arbeit genießen möchten – ein stabiles Einkommen schafft Flexibilität.

Diversifikation gewinnt in dieser Phase zunehmend an Bedeutung. Auch wenn Airbnb-Immobilien den Kern Ihres Portfolios bilden, können Sie weitere Anlageformen in Betracht ziehen. Dazu können langfristige Mietobjekte, Gewerbeimmobilien oder sogar nicht immobilienbezogene Investitionen gehören. Diversifikation reduziert Risiken und eröffnet zusätzliche Wachstumsmöglichkeiten.

Auch Ihre Denkweise verändert sich, wenn Sie sich auf Ihr Vermächtnis konzentrieren. Sie denken nicht mehr in Jahren, sondern in Jahrzehnten. Sie überlegen, wie sich Ihre heutigen Entscheidungen auf Ihre Zukunft und die Zukunft der

Menschen auswirken, die Ihnen wichtig sind. Diese langfristige Perspektive beeinflusst jeden Aspekt Ihrer Strategie.

Ein weiterer zentraler Faktor ist Sinn und Zweck. Finanzielle Erfolge sind wichtig, doch viele Investoren entdecken, dass ihre Motivation über Einkommen hinausgeht. Ihr Portfolio kann dazu dienen, andere zu unterstützen, Chancen zu schaffen oder positive Veränderungen zu bewirken. Ein klar definierter Zweck verleiht Ihrer Arbeit Bedeutung und hilft Ihnen, bessere Entscheidungen zu treffen.

Ihre Systeme spielen eine entscheidende Rolle bei der Bewahrung Ihres Vermächtnisses. Mit dem Wachstum Ihres Portfolios müssen Ihre Systeme stark genug sein, um steigende Komplexität zu bewältigen. Dazu gehören Finanzmanagement, Betriebsabläufe und Entscheidungsprozesse. Robuste Systeme sorgen dafür, dass Ihr Portfolio auch bei Expansion leistungsfähig bleibt.

Automatisierung und Delegation bleiben dabei unverzichtbar. Durch die Verringerung Ihrer Abhängigkeit von manuellen Prozessen schaffen Sie ein Unternehmen, das effizient und beständig arbeitet. Dadurch können Sie sich stärker auf Strategie und langfristige Planung konzentrieren.

Ein weiterer wichtiger Faktor ist Anpassungsfähigkeit. Die Welt wird sich weiterhin verändern, und Ihr Portfolio muss sich mit ihr weiterentwickeln. Dies kann bedeuten, Strategien anzupassen, neue Märkte zu erschließen oder neue Technologien einzusetzen. Flexibilität stellt sicher, dass Ihr Portfolio wettbewerbsfähig und relevant bleibt.

Auch Ihre Beziehungen spielen eine wichtige Rolle für Ihr Vermächtnis. Starke Verbindungen zu Fachleuten, Geschäftspartnern und anderen Investoren schaffen ein Netzwerk, das Ihr Wachstum unterstützt. Diese Beziehungen können Chancen, Erkenntnisse und Kooperationen ermöglichen, die Ihren Erfolg fördern.

Wenn Sie auf Ihre Reise zurückblicken, ist es wichtig zu erkennen, wie weit Sie gekommen sind. Sie haben sich von den Grundlagen bis zum Aufbau eines Portfolios entwickelt. Sie haben gelernt, Deals zu analysieren, Systeme aufzubauen und langfristig zu denken. Genau diese Entwicklung verwandelt einen Investor in einen Vermögensschöpfer.

Ihr Vermächtnis wird nicht durch eine einzelne Immobilie oder sogar durch ein ganzes Portfolio definiert. Es wird durch das System definiert, das Sie erschaffen, und durch die Wirkung, die dieses System über viele Jahre hinweg entfaltet. Es ist das Ergebnis konsequenter Maßnahmen, disziplinierter

Entscheidungen und eines kontinuierlichen Engagements für Wachstum.

Dieses letzte Kapitel ist kein Ende – es ist ein Anfang. Es markiert den Beginn einer neuen Phase, in der Sie mit Klarheit, Selbstvertrauen und Zielstrebigkeit handeln. Sie verfügen über die Werkzeuge, das Wissen und die Erfahrung, um Ihr Portfolio weiter auszubauen und zu entwickeln.

Die Reise des Airbnb-Investors ist eine Reise der Transformation. Sie verändert Ihre Finanzen, Ihre Denkweise und Ihre Möglichkeiten. Wenn Sie alles anwenden, was Sie gelernt haben, können Sie ein System schaffen, das Ihre Ziele unterstützt und weit über Ihre eigene Lebenszeit hinaus Bestand hat.

Ihr Leitfaden für den Aufbau eines Vermächtnisses liegt nun in Ihren Händen. Was Sie von hier aus erschaffen, liegt ganz bei Ihnen.

Generationenübergreifenden Wohlstand durch ein Airbnb-Portfolio Aufbauen

Betrachten wir ein langfristiges Beispiel, das zeigt, wie ein Airbnb-Portfolio generationenübergreifenden Wohlstand schaffen kann. Stellen Sie sich vor, Sie beginnen mit einer einzigen Immobilie, die für 300.000 US-Dollar gekauft wird, und leisten eine Anzahlung von 20 %, also 60.000 US-Dollar.

Im Laufe der Zeit folgen Sie dem in diesem Buch beschriebenen Leitfaden. Sie erwerben weitere Immobilien, optimieren deren Leistung und reinvestieren Ihre Einnahmen. Nach zehn Jahren besitzen Sie acht Immobilien, die aufgrund von Wertsteigerungen durchschnittlich jeweils 350.000 US-Dollar wert sind.

Der Gesamtwert Ihres Portfolios beträgt nun 2,8 Millionen US-Dollar. Die durchschnittliche Restschuld jeder Immobilie liegt bei etwa 200.000 US-Dollar, wodurch sich eine Gesamtverschuldung von 1,6 Millionen US-Dollar ergibt. Daraus resultiert ein Gesamteigenkapital von 1,2 Millionen US-Dollar.

Jede Immobilie generiert durchschnittlich 500 US-Dollar monatlichen Cashflow. Das ergibt ein Gesamteinkommen von 4.000 US-Dollar pro Monat beziehungsweise 48.000 US-Dollar pro Jahr. Dieses Einkommen schafft finanzielle Flexibilität und unterstützt Ihren Lebensstil.

Betrachten wir nun das langfristige Wachstum. In den folgenden zehn Jahren steigen die Immobilienwerte weiterhin durchschnittlich um 3 % bis 4 % pro Jahr. Gleichzeitig sinken die Darlehenssalden durch regelmäßige Zahlungen. Nach zwanzig Jahren könnte der Wert Ihres Portfolios 3,8 Millionen US-Dollar übersteigen, während die verbleibenden Schulden deutlich reduziert sind.

In diesem Stadium sind viele Ihrer Immobilien möglicherweise nahezu abbezahlt. Da Ihre Verschuldung sinkt, steigt Ihr monatlicher Cashflow erheblich an. Wenn jede Immobilie nach allen Ausgaben 2.000 US-Dollar monatlichen Nettogewinn erwirtschaftet, könnte Ihr Gesamteinkommen 16.000 US-Dollar pro Monat beziehungsweise 192.000 US-Dollar pro Jahr erreichen.

Betrachten wir nun den Einfluss von Reinvestitionen. Durch die strategische Nutzung Ihrer Einnahmen und Ihres Eigenkapitals können Sie weitere Immobilien erwerben oder in andere Anlageformen investieren. Dadurch wachsen sowohl Ihr Einkommen als auch Ihr Gesamtvermögen weiter.

Ihr Portfolio stellt nun einen bedeutenden Vermögenswert dar, der an zukünftige Generationen weitergegeben werden kann. Die daraus generierten Einnahmen können Ihre Familie unterstützen, Chancen finanzieren und finanzielle Sicherheit schaffen. Darüber hinaus können die von Ihnen entwickelten Kenntnisse und Systeme weitergegeben werden, sodass Ihr

Portfolio auch in Zukunft wachsen und sich weiterentwickeln kann.

Dieses Beispiel zeigt, wie konsequentes Investieren, strategische Entscheidungen und langfristige Planung erheblichen Wohlstand schaffen können. Es ist nicht das Ergebnis eines einzelnen Deals, sondern die Summe vieler Entscheidungen über einen langen Zeitraum hinweg.

Die wichtigste Erkenntnis lautet, dass Ihr Airbnb-Portfolio ein langfristiger Vermögenswert ist. Durch effektives Management und strategisches Denken können Sie ein System schaffen, das Einkommen erzeugt, Eigenkapital aufbaut und Ihre Ziele über viele Jahre hinweg unterstützt.

Ihre Reise als Investor hat nun ihre höchste Ebene erreicht. Sie konzentrieren sich nicht mehr auf einzelne Deals – Sie bauen ein Vermächtnis auf.

Abschließende Gedanken

Wenn Sie das Ende dieser Reise erreicht haben, ist es wichtig, einen Moment innezuhalten und zu erkennen, was Sie erreicht haben – nicht nur in Bezug auf Wissen, sondern auch in Bezug auf Ihre Perspektive. Sie haben mit Fragen, Unsicherheit und vielleicht sogar mit Zögern begonnen. Sie wollten verstehen, wie Airbnb-Investitionen funktionieren, welche Rolle die Finanzierung dabei spielt und ob dieser Weg für Sie überhaupt realistisch ist. Heute stellen Sie diese Fragen nicht mehr aus einer Position der Unsicherheit heraus. Sie stellen sie aus einer Position des Verständnisses, der Strategie und der Bereitschaft zu handeln.

Diese Veränderung ist das wertvollste Ergebnis von allem, was Sie gelernt haben. Wissen allein schafft keine Ergebnisse. Handeln tut es. Doch Handeln ohne Verständnis führt zu Fehlern. Was Sie nun besitzen, ist die Kombination aus beidem – die Klarheit, fundierte Entscheidungen zu treffen, und das Selbstvertrauen, voranzugehen.

Airbnb-Investitionen sind keine Abkürzung. Sie sind kein schneller Erfolg und keine garantierte Lösung. Sie sind ein Prozess. Sie sind ein System, das Beständigkeit, Disziplin und langfristiges Denken belohnt. Die Investoren, die erfolgreich werden, sind nicht diejenigen, die Trends hinterherlaufen oder auf Glück vertrauen. Es sind diejenigen, die bewährte Prinzipien immer wieder anwenden, ihren Ansatz kontinuierlich verbessern und ihren Zielen treu bleiben.

Ihr erster Deal wird immer der wichtigste sein. Nicht, weil er der profitabelste sein wird, sondern weil er alles verändert. Er ist der Moment, in dem Sie vom Lernen zum Handeln übergehen, vom Planen zur Umsetzung. Er wird Ihnen mehr beibringen als jedes Buch, jeder Kurs oder jedes Gespräch jemals könnte.

Warten Sie nicht auf perfekte Bedingungen. Sie existieren nicht. Es wird immer Unsicherheiten geben, Variablen, die Sie nicht kontrollieren können, und Entscheidungen, die Urteilsvermögen erfordern. Das Ziel besteht nicht darin, Unsicherheit zu beseitigen. Das Ziel besteht darin, trotz dieser Unsicherheit mit Vorbereitung und Bewusstsein voranzugehen.

Während Sie Ihren Weg fortsetzen, denken Sie an die Bedeutung von Einfachheit. Die Konzepte, die Sie auf dieser Reise gelernt haben, sind wirkungsvoll, aber sie sind auch unkompliziert. Analysieren Sie Ihre Deals sorgfältig. Strukturieren Sie sie intelligent. Verwalten Sie Ihre Immobilien konsequent. Skalieren Sie, wenn Sie bereit sind. Diese Grundlagen, konsequent angewendet, schaffen die

Ergebnisse.

Vermeiden Sie die Versuchung, den Prozess unnötig zu verkomplizieren. Viele Investoren fühlen sich überfordert, weil sie jedes Detail optimieren möchten, bevor sie überhaupt handeln. Optimierung ist zwar wertvoll, sollte jedoch den Fortschritt nicht verhindern. Ein solider, gut strukturierter Deal ist weitaus wertvoller als ein perfekter Deal, der niemals zustande kommt.

Disziplin wird eines Ihrer größten Vermögenswerte sein. Sie ermöglicht es Ihnen, Deals abzulehnen, die Ihre Kriterien nicht erfüllen. Sie hält Sie in schwierigen Phasen fokussiert. Sie stellt sicher, dass Ihre Entscheidungen mit Ihren langfristigen Zielen übereinstimmen und nicht von kurzfristigen Emotionen bestimmt werden.

Ihre Denkweise wird sich weiterhin entwickeln. Zunächst konzentrieren Sie sich darauf, Ihren ersten Deal abzuschließen. Danach richtet sich Ihr Fokus auf die Verbesserung der Leistung. Anschließend beginnen Sie darüber nachzudenken, wie Sie skalieren, Systeme aufbauen und langfristigen Wohlstand schaffen können. Jede Phase bringt neue Herausforderungen und neue Chancen mit sich.

Nehmen Sie diese Entwicklung an. Wachstum im Bereich der

Investitionen verläuft nicht linear. Es wird Phasen schnellen Fortschritts geben und Phasen, in denen sich alles langsamer entwickelt. Entscheidend ist, dass Sie sich weiterhin vorwärts bewegen.

Ihr Portfolio ist nicht einfach eine Sammlung von Immobilien. Es ist ein Spiegelbild Ihrer Entscheidungen, Ihrer Disziplin und Ihrer Strategie. Jede Immobilie steht für einen Schritt nach vorne, eine gewonnene Erfahrung und eine geschaffene Chance. Mit der Zeit summieren sich diese Schritte zu etwas weitaus Größerem.

Unterschätzen Sie niemals die Kraft von Beständigkeit. Kleine, kontinuierliche Handlungen führen langfristig zu bedeutenden Ergebnissen. Aus einer Immobilie werden zwei. Aus zwei werden fünf. Aus fünf entsteht ein Portfolio, das erhebliche Einnahmen generiert und langfristigen Wohlstand aufbaut. Diese Entwicklung geschieht nicht zufällig – sie ist das Ergebnis konsequenter Umsetzung.

Auf dem Weg werden Herausforderungen auftreten. Deals werden scheitern. Märkte werden sich verändern. Unerwartete Kosten werden entstehen. Diese Erfahrungen sind Teil des Prozesses. Sie definieren nicht Ihren Erfolg – Ihre Reaktion auf sie tut es.

Jede Herausforderung ist eine Gelegenheit, Ihren Ansatz zu verbessern. Jeder Rückschlag liefert Informationen, die zukünftige Entscheidungen verbessern können. Der Schlüssel liegt darin, fokussiert, anpassungsfähig und Ihren Zielen verpflichtet zu bleiben.

Auch Ihr Umfeld spielt eine wichtige Rolle. Umgeben Sie sich mit Menschen, die Ihre Ziele verstehen und Ihr Wachstum unterstützen. Lernen Sie von denen, die bereits erreicht haben, was Sie anstreben. Zusammenarbeit und gemeinsames Wissen können Ihren Fortschritt erheblich beschleunigen.

Mit dem Wachstum Ihres Portfolios wachsen auch Ihre Verantwortlichkeiten. Mehrere Immobilien zu verwalten, Qualität sicherzustellen und strategische Entscheidungen zu treffen, erfordert Aufmerksamkeit und Einsatz. Gleichzeitig bieten diese Verantwortlichkeiten enorme Chancen. Sie ermöglichen es Ihnen, etwas aufzubauen, das wirklich Ihnen gehört.

Freiheit ist eines der kraftvollsten Ergebnisse von Airbnb-Investitionen. Nicht nur finanzielle Freiheit, sondern die Freiheit zu entscheiden, wie Sie Ihre Zeit verbringen, worauf Sie Ihre Energie richten und welchen Weg Sie im Leben einschlagen möchten. Diese Freiheit wird durch konsequente Anstrengung und durchdachte Entscheidungen verdient.

Gleichzeitig ist es wichtig, Ihre persönliche Definition von Erfolg festzulegen. Für manche bedeutet Erfolg ein bestimmtes Einkommensniveau. Für andere bedeutet er Flexibilität, Stabilität oder mehr Zeit mit der Familie. Ihre Definition von Erfolg wird Ihre Entscheidungen leiten und Ihre Reise formen.

Ihr Vermächtnis wird durch Ihre Handlungen aufgebaut. Die Systeme, die Sie schaffen, das Wissen, das Sie weitergeben, und die Chancen, die Sie ermöglichen, reichen weit über Ihre persönlichen Ergebnisse hinaus. Ob Sie Familienmitglieder, Geschäftspartner oder andere Menschen einbeziehen – Ihre Arbeit kann eine nachhaltige Wirkung entfalten.

Wenn Sie über alles nachdenken, was Sie gelernt haben, denken Sie daran: Dies ist erst der Anfang. Der wahre Wert dieser Reise liegt nicht darin, das Ende dieses Buches erreicht zu haben. Er liegt darin, das Gelernte in der realen Welt anzuwenden.

Machen Sie den nächsten Schritt. Analysieren Sie einen Deal. Sprechen Sie mit einem Kreditgeber. Erkunden Sie einen Markt. Beginnen Sie den Prozess. Jede Handlung bringt Sie Ihrem Ziel näher.

Sie besitzen bereits alles, was Sie brauchen, um voranzukommen. Sie verfügen über das Wissen, den Rahmen und das Verständnis dafür, wie dieses System funktioniert. Was jetzt noch fehlt, ist die Umsetzung.

Ihre Zukunft als Airbnb-Investor wird nicht von äußeren Faktoren bestimmt. Sie wird von Ihrer Bereitschaft bestimmt, zu handeln, zu lernen und kontinuierlich Fortschritte zu machen. Der Weg ist klar. Die Chance ist real.

Jetzt ist es Zeit, etwas aufzubauen.

So erhalten Sie eine personalisierte Bewertung für Airbnb-Hypothekendarlehen

Wenn Sie Airbnb Mortgage Loan Fundamentals: Wie Hypothekendarlehen für Kurzzeitvermietungen funktionieren und wie man sich qualifiziert aus der Reihe Die Airbnb-Hypothekendarlehen-Meisterklasse-Serie hilfreich fanden, möchten Sie möglicherweise sehen, wie diese Strategien auf Ihre eigene finanzielle Situation und Ihre Investitionsziele angewendet werden können. Das Profil jedes Investors ist einzigartig. Immobilientyp, Standort, prognostizierte Airbnb-Einnahmen, Kreditwürdigkeit, verfügbares Kapital und Kreditrichtlinien beeinflussen, für welche Darlehensprogramme Sie sich qualifizieren können und wie Ihr Deal strukturiert werden kann.

Die Beispiele in diesem Buch dienen dazu, zu erklären, wie Airbnb-Hypothekendarlehen funktionieren – Ihre tatsächlichen Optionen können jedoch nur durch die Prüfung Ihrer individuellen Zahlen und Ihres Investitionsszenarios bestimmt werden.

Sie können hier eine unverbindliche Beratung zu Airbnb-Hypothekendarlehen anfordern:

E-Mail: info@FinibiMortgage.com

Ein lizenzierter Hypothekenexperte wird Ihr Szenario prüfen und Ihnen erläutern, welche Airbnb-Finanzierungsoptionen für Sie infrage kommen, einschließlich DSCR-Darlehen, Non-QM-Programmen und alternativen Qualifikationsstrategien basierend auf Ihrer Immobilie und Ihrem Finanzprofil.

Keine Kosten. Kein Druck. Keine Verpflichtung.

Mit freundlichen Grüßen,

Joseph G. Correa

Lizenzierter Hypothekendarlehensvermittler
Finibi Mortgage Inc.

Über den Autor

Joseph G. Correa ist ein lizenzierter Hypothekenmakler und Gründer von Finibi Mortgage, einem in Florida ansässigen Unternehmen, das sich auf die Finanzierung von Immobilieninvestitionen, Airbnb- und Kurzzeitvermietungsdarlehen sowie alternative Kreditstrategien für Investoren, Unternehmer und Selbstständige spezialisiert hat. Mit mehr als zwei Jahrzehnten Erfahrung in der Hypothekenvergabe, im Underwriting und in der Finanzstrukturierung hat Joseph Tausenden von Kunden geholfen, Finanzierungen durch intelligente, flexible Kreditstrategien zu sichern, die speziell für moderne Immobilieninvestitionen entwickelt wurden.

Im Gegensatz zu traditionellen Kreditberatern, die sich ausschließlich auf den Abschluss von Transaktionen konzentrieren, basiert Josephs Ansatz auf dem langfristigen Vermögensaufbau. Er ist davon überzeugt, dass Hypothekenfinanzierung – insbesondere für Airbnb- und Anlageimmobilien – als strategisches Instrument genutzt werden sollte, um Cashflow zu generieren, Portfolios zu skalieren und finanzielle Unabhängigkeit zu erreichen. Seine Philosophic basiert auf dem intelligenten Einsatz von Fremdkapital, sodass Investoren wachsen können, ohne sich ausschließlich auf persönliches Einkommen oder traditionelle Kreditbeschränkungen verlassen zu müssen.

Joseph ist weithin anerkannt für seine Expertise in DSCR-Darlehen, Non-QM-Finanzierungen, Kurzzeitvermietungsdarlehen, Bankauszugsprogrammen und kreativer Deal-Strukturierung. Er ist darauf spezialisiert, Investoren dabei zu helfen, sich auf Basis der Einnahmen der Immobilie und nicht ihres persönlichen Einkommens zu qualifizieren. Dadurch ermöglicht er es Anfängern, Selbstständigen und erfahrenen Investoren, Airbnb-Portfolios aufzubauen und zu skalieren. Seine Fähigkeit, komplexe Kreditkonzepte in klare, umsetzbare Strategien zu übersetzen, hat unzähligen Menschen geholfen, mit Vertrauen in den Immobilienmarkt einzusteigen.

Joseph hat die Reihe *The Airbnb Mortgage Loan Mastery Series* entwickelt, um Investoren dasselbe Finanzierungswissen zu vermitteln, das von Banken, privaten Kreditgebern und institutionellen Immobilieninvestoren genutzt wird. Seine Mission ist einfach: Menschen zu helfen, zu verstehen, wie sie sich qualifizieren, Deals strukturieren und mit modernen Finanzierungsstrategien skalieren können – um profitable Airbnb-Geschäfte und langfristigen Wohlstand aufzubauen.

Wenn er nicht gerade Deals strukturiert oder schreibt, arbeitet Joseph direkt mit Investoren und Kreditnehmern in den gesamten Vereinigten Staaten zusammen, um maßgeschneiderte Finanzierungsstrategien zu entwickeln, die auf deren Ziele, Immobilientypen und Wachstumspläne abgestimmt sind.

Die Roadmap der Airbnb-Hypothekendarlehen-Meisterklasse-Serie

Der professionelle Leitfaden zur Finanzierung, Skalierung und Profitgenerierung mit Kurzzeitvermietungsimmobilien

Ziel der Reihe *Die Airbnb-Hypothekendarlehen-Meisterklasse-Serie* ist es, Investoren dieselben Finanzierungsstrategien zu vermitteln, die von Banken, Kreditgebern und institutionellen Immobilienakteuren genutzt werden – übersetzt in klare, praxisnahe Anleitungen für alltägliche Investoren. Jedes Buch baut auf dem vorherigen auf und führt Sie von den Grundlagen bis hin zu fortgeschrittener Deal-Strukturierung, Portfolio-Skalierung und langfristigem Vermögensaufbau mit Airbnb- und Kurzzeitvermietungsimmobilien.

Buch 1 — Grundlagen der Airbnb-Hypothekendarlehen

Dieses Buch legt das Fundament. Sie verstehen, wie Airbnb-Hypothekendarlehen funktionieren, was sie von traditionellen Finanzierungen unterscheidet und wie Kreditgeber Kurzzeitvermietungsimmobilien bewerten. Sie lernen die Kernkonzepte von DSCR, Non-QM-Darlehen und einkommensbasierter Qualifikation sowie, wer sich qualifiziert und wie Sie Ihren ersten Deal strukturieren.

Buch 2 – DSCR-Airbnb-Hypothekendarlehen

Dieses Buch konzentriert sich auf eines der stärksten Werkzeuge im Airbnb-Investing: DSCR-Darlehen. Sie lernen, sich über Mieteinnahmen statt persönliches Einkommen zu qualifizieren und wie Sie Ihre Immobilie optimal positionieren.

Buch 3 – Airbnb-Hypothekendarlehen für Anfänger

Dieses Buch richtet sich an Einsteiger. Es zeigt Ihnen Schritt für Schritt, wie Sie Ihre erste Airbnb-Immobilie kaufen, Deals analysieren und typische Hürden überwinden.

Buch 4 – Hypothekendarlehen für Airbnb-Investitionsimmobilien

Hier geht es um Skalierung. Sie lernen, mehrere Immobilien zu finanzieren, ein Portfolio aufzubauen und den Cashflow zu optimieren.

Buch 5 – Airbnb-Hypothekendarlehen ohne Einkommensnachweis

Dieses Buch behandelt fortgeschrittene Qualifikationsstrategien. Sie lernen, wie Sie sich ohne

Steuererklärungen über DSCR-, Kontoauszugs- und alternative Programme qualifizieren können.

Buch 6 — Luxus-Airbnb-Hypothekendarlehen

Fokus auf High-End-Immobilien. Sie lernen, Luxusobjekte zu finanzieren, hohe Einnahmen zu analysieren und Risiken zu steuern.

Buch 7 — Airbnb-Hypothekendarlehen für Ferienimmobilien

Dieses Buch zeigt, wie Sie Zweitwohnsitze finanzieren und in profitable Kurzzeitvermietungen umwandeln.

Buch 8 — Refinanzierung und Cash-Out-Strategien

Hier lernen Sie, Eigenkapital freizusetzen, zu reinvestieren und Ihr Wachstum zu beschleunigen.

Buch 9 — Airbnb-Hypothekendarlehen für Mehrfamilienimmobilien

Fokus auf Duplexe, Triplexe und kleine Mehrfamilienhäuser mit mehreren Einkommensströmen.

Buch 10 — Fortgeschrittene Strukturierung von Airbnb-Darlehen

Dieses Buch kombiniert alle Strategien. Sie lernen, DSCR, vermögensbasierte und kreative Finanzierung zu nutzen, um komplexe Deals umzusetzen.

Diese Reihe kann Schritt für Schritt durchlaufen oder als Nachschlagewerk genutzt werden – je nach Ihrem aktuellen Stand. Ziel ist es, Ihnen die Werkzeuge zu geben, um Airbnb-Investitionen erfolgreich zu finanzieren, zu strukturieren und zu skalieren.

Ziel der Reihe:

Ein profitables, langfristiges Immobiliengeschäft aufzubauen.

Bildungs- und Finanzhinweis

Dieses Buch dient ausschließlich Bildungs- und Informationszwecken. Autor und Verlag bieten keine rechtliche, steuerliche oder finanzielle Beratung. Obwohl Joseph G. Correa ein lizenzierter Hypothekendarlehensvermittler ist, stellen die Inhalte keine individuelle Beratung dar.

Hypothekenprogramme, Zinssätze und Anforderungen variieren je nach Kreditgeber, Standort und Marktbedingungen und können sich jederzeit ändern. Die Beispiele im Buch sind hypothetisch und dienen nur zur Veranschaulichung.

Kurzzeitvermietungserträge hängen von Nachfrage, Wettbewerb, Saison, Management und Vorschriften ab und sind nicht garantiert. Vor finanziellen Entscheidungen sollten Sie immer qualifizierte Fachleute konsultieren.

Risikohinweis

Immobilieninvestitionen und Kurzzeitvermietungen sind mit Risiken verbunden. Einnahmen können schwanken, und es gibt keine Garantie für konstante Auslastung oder Gewinne.

Finanzierung erhöht den Hebel und damit das Risiko. Zahlungsausfälle können zur Zwangsvollstreckung führen. DSCR- und Non-QM-Darlehen können höhere Zinsen und strengere Bedingungen haben.

Auch gesetzliche Änderungen können Ihre Fähigkeit beeinflussen, eine Immobilie als Airbnb zu betreiben. Investoren sind für die Einhaltung aller Vorschriften verantwortlich.

Dieses Buch vermittelt strukturierte und strategische Ansätze, doch keine Strategie ist risikofrei. Alle finanziellen Entscheidungen und Ergebnisse liegen in der Verantwortung des Lesers.

Finanzierung erhöht den Hebel und damit das Risiko. Zahlungsausfälle können zur Zwangsvollstreckung führen. DSCR- und Non-QM-Darlehen können höhere Zinsen und strengere Bedingungen haben.

Auch gesetzliche Änderungen können Ihre Fähigkeit beeinflussen, eine Immobilie als Airbnb zu betreiben. Investoren sind für die Einhaltung aller Vorschriften verantwortlich.

Dieses Buch vermittelt strukturierte und strategische Ansätze, doch keine Strategie ist risikofrei. Alle finanziellen Entscheidungen und Ergebnisse liegen in der Verantwortung des Lesers.

www.ingramcontent.com/pod-product-compliance
Lightning Source LLC
LaVergne TN
LVHW040518210926
848480LV00007BA/1509
9798256084691